Oliver Bayerlein

# Landeskunde aktiv

## Praktische Orientierungen
## für Deutschland, Österreich und die Schweiz

### Deutsch als Fremdsprache

VERLAG für DEUTSCH
Renate Luscher

| 4. | 3. | 2. | 1. | Die letzten Ziffern bezeichnen |
|------|----|----|----|--------------------------------|
| 2018 | 17 | 16 | 15 | Zahl und Jahr des Druckes. |

2. Auflage 2015

© 2013 Verlag für Deutsch Renate Luscher e.K.
Max-Beckmann-Str. 4, 81735 München, Deutschland
Umschlag und Layout: Andreas Oft, München, www.grafik-oft.de
Druck: Kessler Druck + Medien, Bobingen
Printed in Germany
ISBN 978-3-19-181741-1 (Hueber Verlag)

# Zur Einführung

Bei einem Aufenthalt in einem deutschsprachigen Land stellen Lernende immer wieder fest, dass kommunikative Situationen misslingen. Auch Personen die ausgezeichnet Deutsch sprechen, interpretieren den kulturellen Kontext falsch. Ein Lehrbuch, das diesen kulturellen Hintergrund in Zusammenhang mit relevanten Sprachmitteln vermittelt, scheint ein Desiderat zu sein. **Landeskunde** *aktiv* möchte diese Lücke füllen.

## Zielgruppen

**Landeskunde** *aktiv* ist für Personen konzipiert, die planen, einige Zeit in einem deutschsprachigen Land zu wohnen. Insbesondere haben wir an die folgenden Personenkreise gedacht:

- Studenten, die an einer deutschsprachigen Universität studieren möchten;
- sogenannte Expats, die von ihren Firmen in ein deutschsprachiges Land geschickt werden, sowie deren Familien;
- Au-pairs, die in einer deutschsprachigen Familie wohnen möchten;
- alle, die planen, sich einige Zeit in einem deutschsprachigen Land aufzuhalten und dafür einen tieferen Einblick in die Alltagskultur der deutschsprachigen Länder bekommen möchten.

## Im Unterricht

**Landeskunde** *aktiv* eignet sich als kurstragendes Unterrichtsmaterial oder auch als zusätzliches Lehrbuch ab der Niveaustufe A2. Die Einheiten bauen nicht aufeinander auf. Die Reihenfolge kann daher nach Interesse der Teilnehmer variiert werden.

## Relevanz und Authentizität

Bei der Entstehung hatten wir zwei Prinzipien im Blick:

- Relevanz: Die Perspektive ist bei allen Aufgaben die eines Lernenden, der den Alltag bewältigen muss.
- Authentizität: Bei der Auswahl der Texte, Töne und anderen Materialien wurde darauf geachtet, dass sie möglichst unverändert verwendet wurden.

## Der Medienverbund

Die Aufgaben sind eng verbunden mit der Internetseite www.landeskundeaktiv.com. Dort gibt es alle Audioaufnahmen sowie zusätzliche Informationen und Aufgaben. Die Internetseiten von **Landeskunde** *aktiv* sind darauf ausgerichtet, dass sie sowohl von Computermonitoren als auch mit mobilen Geräten dargestellt werden können. QR-Codes im Buch leiten zu den passenden Internetseiten.

Zuletzt möchten wir noch den vielen Interviewpartnern Dank sagen, die ihre Geschichte, Zeit und Stimme zur Verfügung gestellt haben. Ohne sie wäre dieses Buch nicht entstanden. Einen großen Dank gebührt auch den Rechteinhabern der Bilder, die ihre Einwilligung für den Abdruck gegeben haben. Und schließlich geht ein spezielles Dankeschön an Patricia Buchner, die immer unkompliziert ihre Zeit und Stimme zur Verfügung gestellt hat.

*Autor und Verlag*

# Inhalt

# Inhalt

## Sie lernen ...

### Brief

- formaler Aufbau von Briefumschlägen und Briefen
- Anrede und Schluss
- Komponenten von Adressen

### E-Mail

- Elemente einer E-Mail
- Zeichen der deutschen Tastatur
- Sprachmittel in einer E-Mail

### Telefon

- Standardfloskeln
- Gespräche beenden
- Telefonate vorbereiten

# Start

## 1 Kontaktaufnahme

a Schreiben Sie die passenden Zahlen der Bilder zu den Wörtern.

|   | die E-Mail |   | der Absender |   | die SMS |
|---|---|---|---|---|---|
|   | das Handy (das Smartphone) |   | der Empfänger |   | die Videotelefonie |

b Mit welchen Medien nehmen Sie bei diesen Gelegenheiten Kontakt auf? Begründen Sie Ihre Auswahl.

> Sie möchten ein Hotelzimmer reservieren.   Ich telefoniere oder _____

> Sie möchten von Ihrer Gastfamilie wissen, ob Sie in Ihrem Zimmer Internet benutzen können. _____
_____

> Sie möchten sich bei einer Firma um ein Praktikum bewerben. _____

> Sie möchten plötzlich die Reservierung für einen Tisch im Restaurant absagen. _____

> Sie möchten einen Makler bitten, eine Wohnung für Sie und Ihre Familie zu finden. _____
_____

c Mit wem müssen Sie noch vor Ihrer Reise nach Deutschland, Österreich oder in die Schweiz Kontakt aufnehmen? Was müssen Sie noch tun? Machen Sie eine Liste.

# Brief

## 2 Der Briefumschlag

a   Schreiben Sie die Zahlen der Elemente zu den Beispieladressen.

1   Adresse des Absenders
2   Land des Empfängers
3   Name des Empfängers
4   Postleitzahl des Empfängers
5   Straße und Hausnummer des Empfängers
6   Stadt des Empfängers

b   Nummerieren Sie bei den folgenden Adressen die Elemente in der richtigen Reihenfolge.

| | |
|---|---|
| 2 | Armin Wisser |
| 1 | Prof. Dr. |
| | Aichholzgasse 24 |
| | ÖSTERREICH |
| | 1121 WIEN |

| | |
|---|---|
| | 8032 ZÜRICH |
| | DataConnect |
| | Frau Gesine Hohl |
| | SCHWEIZ |
| | Postfach 1024 |

| | |
|---|---|
| | DEUTSCHLAND |
| | Universität Würzburg |
| | Sanderring 2 |
| | Akademisches Auslandsamt |
| | 97070 WÜRZBURG |

c   Suchen Sie die Adresse des *Instituts für Internationale Kommunikation* (IIK) in Düsseldorf im Internet. Schreiben Sie Ihre Adresse und die Adresse des IIK auf den Umschlag.

**INFO**

**Briefumschlag**

**links oben**
❯ Adresse des Absenders

**rechts unten**
❯ Adresse des Empfängers

**Reihenfolge
(Empfängeradresse)**
❯ Anrede / Firma
❯ Vor- und Nachname
❯ Straße und Hausnummer / Postfach
❯ Postleitzahl und Ort
❯ Land

# 3 Der Brief

a Schreiben Sie die folgenden Wörter in die passenden Kästchen:

Absenderadresse / Anrede / Datum / Empfängeradresse /
Gruß / Thema (Betreff) / Unterschrift

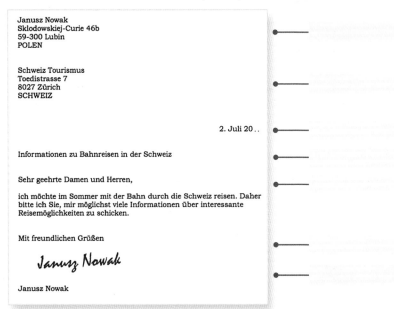

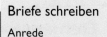

**Briefe schreiben**

**Anrede**
> Sehr geehrte Frau Dr. ...,
> Sehr geehrter Herr ...,

Wenn man den Namen des
Empfängers nicht weiß, benutzt man:
> Sehr geehrte Damen und Herren, ...

**Thema (Betreff)**
> Informationen zu Bahnreisen
> Anmeldung zum Sprachkurs
> Reservierung eines Zimmers
> ...

**Gruß**
> Mit freundlichen Grüßen

**Persönliche Briefe und Postkarten**

**Anrede**
> Lieber/Liebe + Vorname
> Hallo + Vorname

**Gruß**
> Herzliche Grüße
> Liebe Grüße

b Ein Geschäftsbrief auf Deutsch muss nicht lang sein. Schreiben Sie kurze Briefe an die Personen bzw. Firmen auf den Visitenkarten. Achten Sie auf die richtige Form. Vergessen Sie nicht Ihre Adresse und Unterschrift.

1 Sie möchten einen Platz im Studentenwohnheim, weil Sie im August an einem Sprachkurs teilnehmen.
2 Im September müssen Sie einmal in Mainz übernachten. Sie suchen ein Hotel in der Nähe des Bahnhofs.
3 Sie möchten bei der Deutschen Welle ein Praktikum machen. Fragen Sie, ob das möglich ist.

# E-Mail
## 4 Elemente einer E-Mail

a Eine E-Mail unterscheidet sich nicht sehr von einem Brief. Schauen Sie sich die E-Mail von Seite 7 (Nr. 6) an und tragen Sie die Informationen ein.

1 Wie heißt der Absender?

2 Wie heißt der Empfänger?

3 Was ist das Thema?

4 Wie lautet die Anrede?

b Wie sind die Endungen für E-Mail-Adressen in Deutschland, Österreich und der Schweiz? Schauen Sie die Internetadressen rechts an und tragen Sie die Endungen der Länder in die Karte ein. Auch andere Endungen sind jetzt erlaubt, z.B. .club, .berlin, .company, .boutique.

berlin@mail._____

bern@mail._____

wien@mail._____

Touristische Informationen für Deutschland:
www.germany.travel

Informationen zum Studium in Deutschland:
www.daad.de

Informationen zum Studium in Österreich:
www.studieren.at

Sprachkurse in der Schweiz:
www.ausbildung-weiterbildung.ch

Touristische Informationen für Österreich:
www.austria.info

Informationen zum Studium in der Schweiz:
www.crus.ch

Sprachkurse in Österreich:
www.campus-austria.at

Sprachkurse in Deutschland:
www.goethe.de

Touristische Informationen für die Schweiz:
www.myswitzerland.com

# 5 E-Mails angemessen formulieren

a Welche der folgenden Formulierungen sollten nicht in dieser Form in einer E-Mail stehen?

☐ Bevor ich Ihnen die notwendigen Informationen für die Zimmerreservierung mitteile, möchte ich Ihnen sagen, dass mir Ihre Homepage im Internet sehr gefällt. Besonders …

☐ Der Grund dieser Mail ist meine Unzufriedenheit mit Ihrem Produkt. Obwohl ich den Computer nur selten benutze, …

☐ Bitte teilen Sie mir mit, warum ich die bereits bezahlten Bücher nach nunmehr zwei Monaten immer noch nicht bekommen habe. Obwohl ich bereits …

☐ Bitte schicken Sie mir noch für die bezahlten Waren eine Quittung. Leider habe ich z. Zt. weder die Rechnungs- noch die Warennummer zur Hand. Vielleicht könnten Sie …

b Schreiben Sie die ungeeigneten Formulierungen von Aufgabe 5a besser.

1. _____

_____

2. _____

c Sie haben bei einem Online-Händler einen Rucksack gekauft. Als er bei Ihnen ankommt, ist der Reißverschluss kaputt. Schreiben Sie eine E-Mail an den Online-Händler. Beachten Sie dabei die folgenden Punkte.

❯ Datum des Bestellung: 20.5.20 ..

❯ Rechnungsnummer: 250-66151-39

❯ Bedingungen des Umtauschs?

❯ Kosten des Versands?

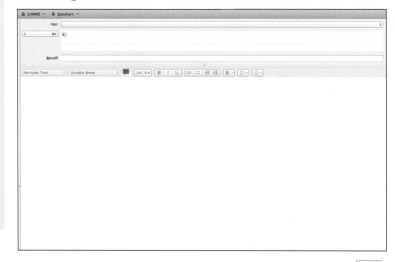

## 6 Eine E-Mail schreiben

a Wählen Sie eines der folgenden Themen und schreiben Sie eine E-Mail. Benutzen Sie für Ihre Suche die Adressen von Seite 10.

**E-Mail-Regeln** `INFO`

Behandeln Sie eine E-Mail ebenso sorgfältig wie einen Brief. Hier sind einige Regeln:

> Geben Sie immer das Thema Ihrer E-Mail an.

> Unterschreiben Sie die E-Mail mit Ihrem Namen und anderen notwendigen Angaben. Erstellen Sie am besten dafür eine Signatur, die automatisch eingefügt wird.

> E-Mails können leicht an viele weitergeleitet werden. Schreiben Sie niemals im Ärger etwas, das Sie normalerweise nicht sagen würden.

1 Sie möchten im nächsten August an einem See in Österreich Urlaub machen. Suchen Sie ein Hotel an einem See Ihrer Wahl und schreiben Sie an dieses Hotel eine E-Mail. Informieren Sie sich über die folgenden Punkte:

> Verfügbarkeit eines Doppelzimmers
> Kosten
> Bademöglichkeit im See

2 Sie möchten im nächsten Jahr einen Sprachkurs in der Schweiz machen. Suchen Sie eine Sprachschule und schreiben Sie eine E-Mail an diese Sprachschule. Informieren Sie sich über die folgenden Punkte:

> Kurs für Fortgeschrittene
> Kosten
> Beginn und Ende
> Teilnahmevoraussetzungen

3 Sie möchten im nächsten Jahr in Österreich studieren. Schreiben Sie eine E-Mail. Informieren Sie sich über die folgenden Punkte:

> Platz im Studentenwohnheim
> Sprachkurs vor Semesterbeginn
> Studiengebühren

b Schreiben Sie eine Signatur für Ihre E-Mails. Suchen Sie die Angaben aus, die für Sie geeignet sind.

| | | |
|---|---|---|
| Name | Telefonnummer | Skype |
| Adresse | Position | |
| E-Mail-Adresse | Twitter, Facebook | |
| eigene Internetseiten | Firmenname | |

c Tragen Sie auf der Tastatur die speziellen Zeichen für Deutsch ein.

**Umlaute, ß, @ und €** `INFO`

Bei einem deutschen Computer mit einer deutschen Tastatur sind die Umlaute, ß und das @-Zeichen auf der Tastatur angegeben. Wo aber sind die Zeichen, wenn Sie mit einer ausländischen Tastatur arbeiten? Stellen Sie zuerst das Layout der Tastatur auf Deutsch um. Die Umlaute sind dann rechts von den Buchstaben L und P: Neben dem L gibt es zunächst das Ö, daneben das Ä. Neben dem P gibt es das Ü.

Das ß ist rechts neben der Ziffer 0. Die Buchstaben Y und Z sind vertauscht. Das @-Zeichen können Sie auf der deutschen Tastatur durch die Tastenkombination CTRL+ALT+Q (Windows) oder mit ALT/OPTION+L (Mac) eingeben.

Das Euro-Zeichen (€): CTRL+ALT+E (Windows) oder ALT/OPTION+E (Mac).

# Telefon

## 7 Anrufen

a   Hören Sie die Telefongespräche auf unserer Internetseite und ordnen Sie die Sätze zu.

| 1 Das sagt der Anrufer. | | 2 Das sagt der, der angerufen wird. |

☐ Ich möchte Herrn Reichert sprechen.

☐ Kann ich ihm etwas ausrichten?

☐ Möchten Sie Karten bestellen?

☐ 1 Ich heiße Tomoko Sato.

☐ Sagen Sie mir bitte Ihren Namen.

☐ Moment, ich verbinde Sie.

☐ Universität Heidelberg, Studentensekretariat.

☐ 2 Was kann ich für Sie tun?

☐ Mit wem kann ich da sprechen?

☐ Theater an der Wien, Ticketservice.

☐ Spreche ich mit Sandra König?

☐ Gibt es für die Oper heute Abend noch Tickets?

☐ Ich habe eine Frage zu den Studentenwohnheimen.

☐ Ich rufe an wegen der Praktikantenstelle.

☐ Hallo.

☐ Ich bin selbst am Apparat.

b   Notieren Sie die notwendigen Informationen für eine der folgenden Situationen:

1   Sie haben sich bei der Universität Heidelberg für ein Studium und für einen Platz in einem Studentenwohnheim beworben. Die Zusage für den Studienplatz haben Sie bekommen, aber Sie haben noch keine Nachricht wegen des Studentenwohnheims. Sie möchten jetzt direkt beim Studentenwerk anrufen.

2   Sie haben ein Hotelzimmer reserviert. Aber Sie kommen erst sehr spät abends an, etwa gegen 22 Uhr. Sie möchten das direkt dem Hotel mitteilen und sicher gehen, dass das Zimmer nicht vergeben wird.

3   Sie werden in einer Woche bei einer Gastfamilie für einen Monat wohnen. Leider haben Sie die E-Mail-Adresse der Gastfamilie nicht. Sie möchten noch viele Dinge wissen und rufen daher an.

c   Spielen Sie mit Ihrem Partner die Telefonanrufe.

## 9 Ein Hotelzimmer reservieren

a Welche Informationen müssen Sie bei einer Reservierung dem Hotel geben? Schreiben Sie Stichworte.

1. Name
2. Was für ein Zimmer
3.
4.
5.
6.
7.

b Hören Sie das Telefonat auf unserer Internetseite. Welche Informationen hat Herr Brown gegeben? Ergänzen Sie eventuell Ihre Stichpunkte von Aufgabe a.

1. Name: Robert Brown

2. Was für ein Zimmer: ...

c Üben Sie zu zweit. Reservieren Sie ein Zimmer. Ihr/e Partner/in übernimmt die Rolle der/s Hotelangestellten. Tauschen Sie dann die Rollen.

**MEMO**

**Ein Zimmer reservieren**

| | |
|---|---|
| 1 | Ich möchte ein Zimmer reservieren. |
| 2 | Für wie viele Übernachtungen? Wie lange möchten Sie bleiben? |
| 3 | Ich möchte ... Nächte bleiben. Ich möchte bis zum ... bleiben. |
| 4 | Möchten Sie ein Einzelzimmer oder ein Doppelzimmer? |
| 5 | Ein ...zimmer, bitte. |
| 6 | Das Zimmer kostet ... Euro mit/ ohne Frühstück. |
| 7 | Haben Sie auch billigere Zimmer? |
| 8 | Ja gut, das nehme ich. Prima, das möchte ich nehmen. |
| 9 | Leider haben wir an diesen Tagen kein Zimmer mehr frei. Leider sind wir da besetzt/ ausgebucht. |
| 10 | Tut mir leid. |
| 11 | Vielen Dank für Ihre Reservierung. |
| 12 | Ich danke auch. |
| 13 | Auf Wiederhören! |
| 14 | Schade. Vielen Dank. Auf Wiederhören. |

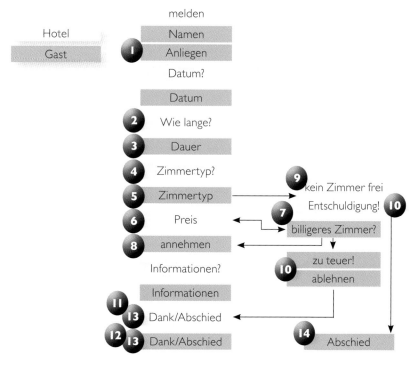

d Üben Sie Variationen des Dialogs.

e Üben Sie ohne die Vorlage.

# Übungen

## 10    Das haben Sie gelernt

**I**   Setzen Sie die richtigen Wörter ein.

|   | | | E | | | | |
|---|---|---|---|---|---|---|---|

(Kreuzworträtsel mit Zeilen 1–8, alle mit dem Buchstaben E in der markierten Spalte)

1 Zwei Personen sprechen über einen Apparat miteinander.

2 Die Person, die den Brief abschickt.

3 Am Ende eines Briefes sollte es das immer geben.

4 Jede Stadt hat diese Nummer; auf dem Briefumschlag sind sie sehr wichtig.

5 Damit der Brief richtig ankommt, muss man das auf den Briefumschlag schreiben.

6 Ein Zimmer in einem Hotel bestellen.

7 Diese Person bekommt den Brief.

8 Das sagt man am Ende eines Telefonats.

**2**   Verbessern Sie die Fehler in dem Brief von Samir.

**3**   Reagieren Sie auf die folgenden Äußerungen.

a.   Möchten Sie ein Einzel- oder Doppelzimmer?

_____

b.   Wie lange möchten Sie bleiben?

_____

c.   Leider haben wir kein Doppelzimmer mehr frei.

_____

d.   Das Zimmer kostet 120 Franken, ohne Frühstück.

_____

e.   (am Telefon) Hallo!

_____

f.   (am Telefon) Sind Sie Herr Schreier?

_____

---

Samir Erdan
Ismet Pasa Cd
34715 Istanbul / Türkei

T +90 212-2763984
M s.erdan@internet.tr

25. August 20..

Direktor Dr. A. Faber
Hotel International
3011 Bern
Schweiz
Schüttestrasse 143

Hallo Hr. Dr. Faber,

wie geht es Ihnen? Mir geht es gut (^_^)/"
Ich schreibe Ihnen wegen des Praktikums.
Ist alles in Ordnung?
Ich komme dann nächsten Monat und melde
mich gleich bei dir.

lg
Samir Erdan

# Wörter und Wendungen

## 11 Wichtige Wörter von Einheit 1

Notieren Sie die Schlüsselwörter und übersetzen Sie in Ihre Sprache.

**Start**

> Die **Adresse** des Goethe-Instituts München
> finden Sie im Internet .
> Vergessen Sie nicht, auf dem **Briefumschlag**
> Ihren **Absender** zu schreiben.
> In den Semesterferien können Sie ein **Praktikum**
> bei einer Firma machen.
> Hast du schon wegen der **Reservierung** bei
> „Salvadore" angerufen?
> Der **Makler** hat eine schöne Wohnung für uns
> in Zürich gefunden.

**Brief**

> Auf den **Briefumschlag** müssen Sie die Adresse des
> **Empfängers** und des **Absenders** schreiben.
> Die **Postleitzahl** steht links von der Stadt.
> Ein **Geschäftsbrief** muss nicht lang sein.
> Als allgemeine **Anrede** in einem Brief kann man
> „Sehr geehrte Damen und Herren" benutzen.
> Hier ist meine **Visitenkarte**. Meine Adresse steht links.

**E-Mail**

> Eine **Signatur** kann man bei einer E-Mail automatisch
> eintragen lassen.
> **Kommen** Sie direkt **zur Sache**.
> Ich **bedanke mich im Voraus** für Ihre Mühe.
> Ich habe weder die **Rechnung** noch die **Quittung**
> zur Hand.
> An dem **Rucksack** ist der **Reißverschluss** kaputt.
> Stellen Sie das **Layout der Tastatur** auf Deutsch um.

**Telefon**

> Ein **Telefonat** in einer Fremdsprache sollte man gut
> vorbereiten.
> Ich rufe an wegen der **Praktikantenstelle**.
> Hier ist nicht Schmidt, aber ich kann Sie **mit
> Herrn Schmidt verbinden**.
> Guten Tag. Ich möchte ein Zimmer **reservieren**.
> Leider sind wir **besetzt**.
> Möchten Sie ein **Einzel**- oder ein **Doppelzimmer**?
> Üben Sie **Variationen** des Dialogs.

**Ihr Wörterbuch**

e Adresse, -n (address) _____
_____
_____
_____
_____
_____
_____

## Sie lernen ...

### Bahn

- Zugtypen unterscheiden
- eine Fahrkarte online kaufen
- eine Fahrkarte am Schalter kaufen
- einen Reiseplan verstehen

### Mit Bus, Straßenbahn und U-Bahn fahren

- Fahrkartentypen verstehen
- eine Fahrkarte am Automaten kaufen
- einen Fahrplan verstehen

### Taxi und Fahrrad

- ein Taxi rufen
- das Fahrziel angeben
- das Taxi bezahlen

# Start

## 1 Öffentliche Verkehrsmittel

a Wie heißen die Verkehrsmittel? Notieren Sie auch die Artikel.

☐ _____     ☐ _____     ☐ _____

☐ _____     ☐ _____     ☐ _____

> Bahn
> Bus
> Fahrrad
> Schiff
> Straßenbahn
> Taxi

b Welche der Verkehrsmittel 1 bis 6 benutzen Sie?

> häufig: **Bus,** _____
> manchmal: _____
> nie: _____

c Bild 3: Wer fährt mit diesem Schiff? Sind Sie schon einmal mit einem Schiff gefahren? Erzählen Sie.

die Bushaltestelle

d Welches Verkehrsmittel würden Sie benutzen für die Strecke von ... ?

> Frankfurt nach Berlin: **Ich würde mit** _____
> Berlin nach Madrid: _____
> zu Hause bis zur Bushaltestelle: _____

# Bahn

## 2 Mit verschiedenen Zügen fahren

a In Deutschland, Österreich und der Schweiz gibt es eine
Vielzahl von Zugtypen. Ordnen Sie die Züge den Beschreibungen zu.

**A** Der Regional-Express überwindet große Entfernungen. Er hält nur in großen Städten. Er fährt ziemlich schnell.

**B** Man sagt, dass die Züge in der Schweiz sehr sauber und pünktlich sind.

**C** IC und ICE sind die schnellsten Züge. Diese Züge verbinden die großen Städte in Deutschland, Österreich und der Schweiz.

**D** Diese S-Bahn fährt von Halle nach Leipzig. Sie fährt nicht schnell und hält an vielen Orten. Man muss nicht lange auf eine S-Bahn warten.

**E** Der schnellste Zug in Österreich ist der Railjet. Im Railjet gibt es drei Klassen: Economy, First und Premium.

A – 3 – 7
B – ...

**INFO**

### Fahrrad + Zug

In den DACH-Ländern können Sie Ihr Fahrrad in den Nahverkehrszügen mitnehmen. An den Zügen gibt es dann das Fahrradzeichen. Sie brauchen auch eine Fahrkarte für Ihr Fahrrad.

Die kostet ca. 5 Euro oder 5 Franken in der Schweiz.

In den Hochgeschwindigkeitszügen (ICE, Railjet etc.) können Sie keine Fahrräder mitnehmen.

b Welche Texte passen zu den verschiedenen Zugtypen? Schreiben Sie die Zahlen der Bilder zu den Texten.

☐ *Jede 30 Minuten im Doppelstockwagen von Halle nach Leipzig*

☐ **Deutschland-Paris -- jetzt mit 320 km/h Spitze!**

☐ Wenn Sie im Nahverkehr mit Ihrem Fahrrad alleine verreisen wollen, ist „Regio-Biking" das richtige Produkt für Sie.

☐ Auf den Strecken Wien-Bregenz und Wien-München war der Hochgeschwindigkeitszug nicht einzuholen.

**Schweizerdeutsch**
s *Velo* = s Fahrrad
s *Billett* = e Fahrkarte

# 3 Eine Fahrkarte online kaufen

a Ordnen Sie die Beschreibungen zu.

1 Möchten Sie auch eine Rückfahrkarte?

2 Wo kommen Sie an?

3 Um wie viel Uhr fahren Sie ab?

4 Wo fahren Sie ab?

5 An welchem Tag fahren Sie?

6 In welcher Klasse fahren Sie?

7 Wie viele Personen fahren zusammen?

Wenn Sie auf →Suchen klicken, kommen Sie zu den nächsten Seiten.

### Ein Ticket online kaufen

Sie können in den DACH-Ländern Ihre Fahrkarten schon ungefähr 3 Monate vor Ihrer Reise im Internet kaufen und ausdrucken. Häufig kann man die Fahrkarten dort billiger kaufen als am Schalter. Die Internetseiten der Bahnen sehen ungefähr gleich aus. Wenn Sie einmal bei der DB eine Fahrkarte online gekauft haben, verstehen Sie auch, wie man auf den Seiten der Bahn in Österreich und in der Schweiz eine Fahrkarte kauft. Die Adressen für die Online-Seiten sind:

> www.bahn.de
> www.oebb.at
> www.sbb.ch

b Ordnen Sie die folgenden Beschreibungen den Bildern zu.

So können Sie eine Fahrkarte online kaufen:

1 Wählen Sie, wo Sie genau abfahren möchten. Manchmal gibt es mehrere Bahnhöfe.
2 Schreiben und wählen Sie dann, wo Sie ankommen möchten.
3 Sie können den Tag Ihrer Reise auf dem Kalender anklicken.
4 Bestimmen Sie die Zeit, wann Sie abfahren oder ankommen möchten.
5 Zum Schluss bestimmen Sie, ob Sie in der 1. oder in der 2. Klasse reisen möchten.

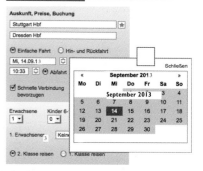

c   Als nächstes werden einige Verbindungen angezeigt. Ordnen Sie die Spalten den Überschriften zu.

**INFO**

**Internationale Tickets**

Sie können online auch Fahrkarten ins Ausland kaufen, z. B. von Berlin nach Bern oder von Zürich nach Wien.

| ☐ 6 Zugtyp | ☐ Tag der Reise | ☐ Reisezeit | ☐ so oft müssen Sie umsteigen |
| ☐ Abfahrt und Ankunft | ☐ Reisedauer | ☐ normaler Preis | ☐ Internet-Preis |

| 1 | 2 | 3 | 4 | 5 | 6 | 7 | 8 |
|---|---|---|---|---|---|---|---|
| Stuttgart Hbf / Dresden Hbf | Mi, 14.09.11 ab / Mi, 14.09.11 an | 10:51 / 17:28 | 6:37 | 1 | ICE, IC | ✓ 79,00 EUR → Zur Buchung | 115,00 EUR → Zur Buchung |
| Stuttgart Hbf / Dresden Hbf | Mi, 14.09.11 ab / Mi, 14.09.11 an | 11:26 / 18:04 | 6:38 | 1 | IC, ICE | ✓ 79,00 EUR → Zur Buchung | 115,00 EUR → Zur Buchung |
| Stuttgart Hbf / Dresden Hbf | Mi, 14.09.11 ab / Mi, 14.09.11 an | 11:51 / 18:04 | 6:13 | 2 | ICE | ✓ 79,00 EUR → Zur Buchung | 115,00 EUR → Zur Buchung |
| Stuttgart Hbf / Dresden Hbf | Mi, 14.09.11 ab / Mi, 14.09.11 an | 11:51 / 18:04 | 6:13 | 2 | ICE | ✓ 79,00 EUR → Zur Buchung | 115,00 EUR → Zur Buchung |

d   Schauen Sie sich die Verbindungen an und beantworten Sie die Fragen:

Welcher Zug ist …
> am schnellsten?    > am praktischsten?

e   Ordnen Sie mit Hilfe der Beschreibungen die Bildschirm-Fotos in der richtigen Reihenfolge.

1   Wählen Sie den billigen Sparpreis und klicken Sie auf „Weiter".

2   Auf der nächsten Seite können Sie einen Platz reservieren. Das kostet zwar eine Gebühr, aber Sie können entscheiden, wo Sie sitzen möchten.

3   Wählen Sie auf der gleichen Seite Ihren Platz: Möchten Sie in einem Großraumwagen oder lieber in einem Abteil sitzen? Sie können auch auswählen, ob Sie lieber am Fenster oder am Gang einen Platz möchten. Oder vielleicht hätten Sie gerne einen Platz mit einem Tisch?

4   Wichtig ist auch, dass Sie hier auswählen, ob Sie Ihr Ticket ausdrucken oder mit der Post bekommen möchten. Wenn Sie im Ausland wohnen, drucken Sie Ihr Ticket selbst aus.

5   Jetzt kontrolliert das System, ob Ihre Platzwünsche erfüllt werden können und zeigt auf der nächsten Seite die Reservierung an. Danach sehen Sie noch einmal eine Zusammenfassung Ihrer Reise.

6   Jetzt müssen Sie bezahlen. Sie müssen sich dazu nicht anmelden. Wählen Sie aus, dass Sie *ohne Anmeldung* buchen möchten. Danach müssen Sie nur noch Ihren Namen und Ihre Kreditkarte angeben. Dann wird Ihnen sofort die Fahrkarte per E-Mail zugeschickt.

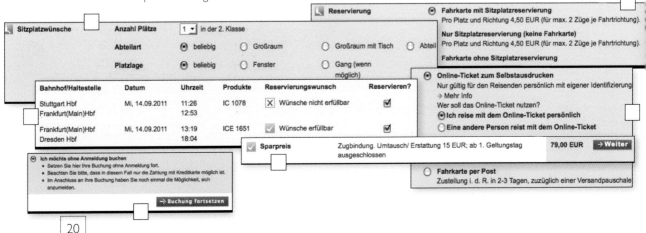

# 4 Eine Fahrkarte im Reisezentrum kaufen

a Lesen Sie den Dialog. Markieren Sie, mit welchem Zug der Fahrgast fahren möchte. Ergänzen Sie auch das Fahrziel.

■ Guten Tag.

▲ Guten Tag. Ich möchte zwei Fahrkarten nach _____.

■ Hin und zurück?

▲ *Nein, nur einfach.*

■ Für welchen Tag, bitte?

▲ *Für morgen.*

■ Wann möchten Sie fahren?

▲ *Nach 10 Uhr morgens, bitte.* Gibt es eine direkte Verbindung?

■ Ja, da können Sie mit dem ICE 880 fahren. Der fährt direkt. Die Fahrt dauert nicht mal 6 Stunden.

▲ Das ist gut. Den Zug nehme ich.

■ Möchten Sie eine Platzreservierung?

▲ *Nein, danke. Nicht nötig.*

■ Haben Sie eine Bahncard?

▲ *Nein.* Kann ich mit meiner VISA-Karte bezahlen?

■ Ja, natürlich, Sie können jede Kreditkarte benutzen. 2. Klasse?

▲ *Ja, zweimal 2. Klasse, bitte.*

■ Das macht dann 258 € für zwei Personen.

| | | | | | | | | |
|---|---|---|---|---|---|---|---|---|
| Hamburg Hbf | Do, 09.06.11 | ab | 11:01 | 6:58 | 1 | ICE | R | 129,00 EUR → Zur Buchung |
| Freiburg(Breisgau) Hbf | Do, 09.06.11 | an | 17:59 | | | | | |

| Bahnhof/Haltestelle | Datum | Zeit | | Gleis | Produkte | | |
|---|---|---|---|---|---|---|---|
| Hamburg Hbf | Do, 09.06.11 | ab | 11:01 | 14a/b | ICE 577 | Intercity-Express | **1** |
| Mannheim Hbf | Do, 09.06.11 | an | 15:53 | 4 | | Bordrestaurant | |
| ☺ Umsteigezeit 43 Min. | | | | | | → Umsteigezeit anpassen | |
| Hamburg Hbf | Do, 09.06.11 | ab | 16:36 | 4 | ICE 399 | Intercity-Express | |

| | | | | | | | |
|---|---|---|---|---|---|---|---|
| Hamburg Hbf | Do, 09.06.11 | ab | 09:53 | 5:48 | 0 | ICE | 129,00 EUR → Zur Buchung |
| München Hbf | Do, 09.06.11 | an | 15:41 | | | | **2** |

| Bahnhof/Haltestelle | Datum | Zeit | | Gleis | Produkte | |
|---|---|---|---|---|---|---|
| Hamburg Hbf | Do, 09.06.11 | ab | 09:53 | 14a/b | ICE 787 | Intercity-Express |

| | | | | | | | |
|---|---|---|---|---|---|---|---|
| München Hbf | Do, 09.06.11 | ab | 10:20 | 5:45 | 0 | ICE | 129,00 EUR → Zur Buchung |
| Hamburg Hbf | Do, 09.06.11 | an | 16:05 | | | | **3** |

| Bahnhof/Haltestelle | Datum | Zeit | | Gleis | Produkte | |
|---|---|---|---|---|---|---|
| München Hbf | | Do, 09.06.11 | ab 10:20 | 23 | ICE 880 | Intercity-Express |

| | | | | | | | |
|---|---|---|---|---|---|---|---|
| Dresden Hbf | Do, 09.06.11 | ab | 10:23 | 4:29 | 1 | IC, ICE | 92,00 EUR → Zur Buchung |
| Hamburg Hbf | Do, 09.06.11 | an | 14:52 | | | | **4** |

| Bahnhof/Haltestelle | Datum | Zeit | | Gleis | Produkte | |
|---|---|---|---|---|---|---|
| Dresden Hbf | Do, 09.06.11 | ab | 10:23 | 1 | IC 2158 | Intercity |
| Leipzig Hbf | Do, 09.06.11 | an | 11:28 | 15 | | Fahrradmitnahme reservierungsp möglich, Bordbistro |
| ☺ Umsteigezeit 30 Min. | | | | | | → Umsteigezeit anpassen |

| | | | | | | | |
|---|---|---|---|---|---|---|---|
| Passau Hbf | Do, 09.06.11 | ab | 11:24 | 6:38 | 1 | ICE | 129,00 EUR → Zur Buchung |
| Hamburg Hbf | Do, 09.06.11 | an | 18:02 | | | | **5** |

| Bahnhof/Haltestelle | Datum | Zeit | | Gleis | Produkte | |
|---|---|---|---|---|---|---|
| Passau Hbf | | Do, 09.06.11 | ab 11:24 | 2 | ICE 28 | Intercity |
| Nürnberg Hbf | | Do, 09.06.11 | an 13:25 | 5 | | Bordres |
| ☺ Umsteigezeit 7 Min. | | | | | | → Ums |

ÖBB VORTEILScard
DB BAHN
50

**Österreichisch – Deutsch**
*hin und retour* = hin und zurück

b Sprechen Sie den Dialog laut mit Ihrem Partner und variieren Sie die kursiven Textteile. Benutzen Sie die Informationen der Zugverbindungen 1 bis 5.

c Einen Reiseplan verstehen: Ergänzen Sie den Text und beantworten Sie die Fragen.

Paolo fährt am _____ von _____ nach _____. Er fährt um _____ in _____ ab. Um _____ muss er in Mannheim _____. Um _____ kommt er in _____ an. Insgesamt dauert seine Reise _____.

1 Kann Paolo sein Fahrrad mitnehmen?
2 Kann er im Zugrestaurant etwas essen?

| DB BAHN | REISEPLAN | | | DATUM: Di 19.04.20.. | Dauer: 1:45 | |
|---|---|---|---|---|---|---|
| VON: | Freiburg(Brsg)Hbf | | NACH: | Heidelberg Hbf | | |
| BAHNHOF/HALTESTELLE | UHR | GLEIS | ZUG | BEMERKUNG | | |
| Freiburg(Brsg)Hbf | ab 17:49 | 1 | ICE 376 | b) | a) Fahrradmitnahme | |
| Mannheim Hbf | an 19:14 | 3 | | | reservierungspflichtig | |
| Mannheim Hbf | ab 19:23 | 8 | IC 2311 | a) b) | b) Bordrestaurant | |
| Heidelberg Hbf | an 19:34 | 8 | | | | |
| | | | | | | |
| | | | | | | |
| | | | | Bitte Änderungen vor Ort beachten. | | |

# Mit Bus, Straßenbahn und U-Bahn fahren

## 5 Fahrkartentypen

a   Es gibt verschiede Fahrkartentypen: Ordnen Sie die Beschreibungen
den Fahrkarten zu.

Fahrzonen in München

**MEMO**

In der Schweiz
und in Süd-
deutschland sagt
man oft *Tram*,
nicht *Straßenbahn*.
In der Schweiz
sagt man *das
Tram*, in Deutsch-
land *die Tram*.

☐   Der *Einzelfahrschein* ist für eine Fahrt von einer Haltestelle bis zu einer
anderen Haltestelle. Danach kann man diese Fahrkarte nicht mehr benutzen.

☐   Mit der *Tageskarte* kann man beliebig viele Fahrten in einer bestimmten
Zone an einem Tag machen.

☐   Mit der *Partner-Tageskarte* können zwei Personen an einem Tag
gemeinsam so oft fahren, wie sie möchten. Auch diese Tageskarte gilt
für eine bestimmte Zone.

☐   Die *Gruppentageskarte* ist wie die Partnertageskarte: Bis zu fünf Personen
können gemeinsam fahren.

1

2

3

4

b   Wer kauft welche Fahrkarte? Lesen Sie die Texte und ordnen Sie die Fahrkarten den Texten zu.

Herr Buchner macht eine Geschäftsreise nach
München. Er muss vom Hauptbahnhof zu einer Firma
in Wolfratshausen fahren. Er nimmt zuerst die
U-Bahn 4 und steigt dann am Heimeranplatz in die
S7 um. Die S7 fährt direkt nach Wolfratshausen.

Herr Martin ist Physiker. Er war auf einem Kongress in
München-Garching. Morgen fliegt er nach Paris zurück,
aber heute möchte er sich die Stadt München anschau-
en. Er hat schon viel vom Deutschen Museum gehört.
Das möchte er unbedingt besuchen. Und weil er sich
für moderne Kunst interessiert, möchte er auch in
die Neue Pinakothek. Außerdem muss er noch einige
Souvenirs kaufen. Wahrscheinlich muss er in
der Innenstadt oft die Tram wechseln.

Fernando, Petro, Maria und Hassan lernen Deutsch
in einer Sprachschule in Ulm. Heute ist Sonntag.
Sie haben frei und möchten nach München fahren.
Sie haben Karten für ein Fußballspiel von Bayern
München. Das Spiel beginnt aber erst am Nach-
mittag. Deshalb möchten sie am Vormittag einige
Sehenswürdigkeiten von München anschauen:
Olympia-Park, Englischer Garten und die Innenstadt.
Im Hofbräuhaus werden sie zu Mittag essen. Danach
fahren sie dann zum Stadion. Nach dem Spiel fahren
sie zum Hauptbahnhof zurück.

Naomi und Gesine wohnen in Augsburg. Sie müssen
Weihnachtseinkäufe machen. Deshalb haben sie beschlossen, heute nach München zu fahren. Sie werden
wahrscheinlich in viele verschiedene Geschäfte gehen.
Deshalb müssen sie zu ganz verschiedenen Orten in
der Stadt fahren.
Zum Abschluss gehen sie in Schwabing chic essen.
Dann fahren sie zum Hauptbahnhof und von dort
wieder nach Hause.

# 6 Fahrkarten kaufen und Fahrpläne verstehen

a  Fahrkartenkauf am Automaten:
Ordnen Sie die Beschreibungen den Nummern zu.

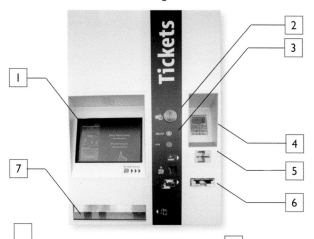

**INFO**

## Fahrkartenautomaten

In allen Städten sehen die Fahrkartenautomaten etwas anders aus. Die einzelnen Schritte bis zum Kauf der Fahrkarte sind jedoch immer gleich:

> Fahrziel wählen
> Fahrkartentyp bestimmen
> Preis ablesen
> Fahrkarte bezahlen und nehmen
> Fahrkarte entwerten

Es ist wichtig, dass Sie die Fahrkarte **vor Beginn** der Fahrt entwerten, denn sonst fahren Sie *schwarz*, d.h. Sie haben keine gültige Fahrkarte. Zum Entwerten der Fahrkarte müssen Sie die Karte in einen *Entwerter* stecken. Die gibt es an der Haltestelle oder im Bus, in der Bahn etc.

☐ Wenn Sie mit der Kreditkarte bezahlen, geben Sie hier die Geheimnummer ein.

☐ Hier bekommen Sie die Fahrkarte und das Wechselgeld.

☐ Wenn Sie etwas falsch gemacht haben, können Sie mit dieser Taste abbrechen.

☐ Am Bildschirm wählen Sie Ihr Fahrziel und Ihren Fahrkartentyp aus.

☐ Banknoten werden in diese Öffnung gesteckt.

☐ Das ist die Öffnung für Ihre Kreditkarte.

☐ Hier werfen Sie das Geld ein.

b  Schauen Sie sich den Fahrplan an und beantworten Sie die Fragen.

Dirk möchte zum Deutschen Museum fahren.

1  Wo ist Dirk jetzt?
2  Wie viele Haltestellen sind es bis zum Deutschen Museum?
3  Es ist Sonntag, 13.08 Uhr. Wann kommt die nächste Straßenbahn?
4  Wie lange dauert die Fahrt?
5  Wie heißen die Endstationen der Linie?
6  Wo muss Dirk umsteigen, wenn er vom Deutschen Museum zum Goethe-Institut fahren möchte?

c  Überlegen Sie sich Fragen zu dem Fahrplan, die Sie Ihrem Partner stellen können.

d  Fragen Sie Ihren Partner.

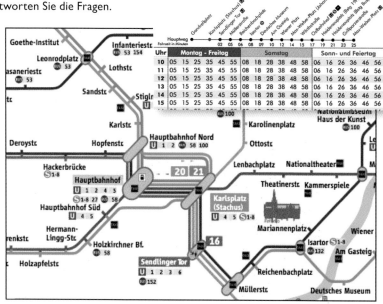

# Taxi und Fahrrad

## 7 Mit dem Taxi fahren

a Ordnen Sie die Sätze zu einem Dialog. Das Dialog-Diagramm hilft Ihnen dabei.

losfahren

| Fahrgast | Begrüßung |
| Fahrer | Begrüßung |
| | Frage nach dem Ziel |
| | Ziel sagen |
| | Ziel vermuten |
| | Ziel sagen |
| | Hausnummer? |
| | Hausnummer |
| | Ziel nachfragen |
| | ? |
| | losfahren |
| | bezahlen |
| | Fahrpreis sagen |
| | Trinkgeld geben |
| | danken / Quittung? |
| | keine Quittung |
| | Abschied |

Die Nymphenburger Straße ist lang. Welche Hausnummer denn?

Guten Tag! Ja, steigen Sie ein. Wohin soll es denn gehen?

Ach so. Sie möchten zum Löwenbräukeller?

In die Nymphenburger Straße, bitte.

Nr. 99 ist ungefähr in der Mitte, Kreuzung Landshuter Allee.

Vielen Dank. Und 4 Euro zurück. Brauchen Sie eine Quittung?

Nr. 99, bitte.

Nein, ich besuche einen Freund.

Auf Wiedersehen.

Machen Sie 16 Euro, bitte.

Kein Problem, ich weiß Bescheid. Ich bringe Sie hin.

Nein, nicht notwendig. Auf Wiedersehen.

Ich weiß nicht. Ich bin zum ersten Mal in München.

So, hier sind wir. Das macht 15 Euro 20.

Guten Tag, sind Sie frei?

■ Guten Tag, sind Sie frei?
▲ Guten Tag! Ja, ...
■ ...

b Sprechen Sie mit Ihrem Partner einen Dialog mit einem anderen Fahrziel und mit anderen Preisen. Das Dialog-Diagramm hilft Ihnen dabei.

c Sprechen Sie Dialoge ohne Hilfe des Dialog-Diagramms.

## 8 Ein Fahrrad leihen

Um ein Fahrrad zu leihen, brauchen Sie nur ein Handy. Ordnen Sie die Sätze der Beschreibung.

☐ Sie erhalten einen 4-stelligen Öffnungscode per SMS.

☐ Rufen Sie die rot umrandete Telefonnummer auf dem Schloss-Deckel an.

☐ Öffnen Sie das Schloss nach Anweisung – und schon können Sie losfahren.

☐ Öffnen Sie den Deckel der Box am hinteren Rad.

### INFO

**Ein Taxi rufen**
In Deutschland können Sie in jeder Stadt per Telefon ein Taxi unter der Nummer 22456 rufen. Das Taxi kommt dann zu Ihnen. Es ist nicht sehr üblich, ein Taxi auf der Straße anzuhalten. Die Taxis warten am Taxistand, z. B. vor einem Bahnhof, Hotel oder vor einem Krankenhaus.

**Mit dem Taxi fahren**
Im Taxi können Sie vorne oder hinten sitzen. Steigen Sie ein und sagen Sie dem Taxifahrer, wohin Sie fahren möchten. Der Fahrer kennt meistens die Adresse oder gibt sie in sein Navi ein.

**Bezahlen**
Jedes Taxi hat einen Taxameter. Dort wird der Fahrpreis angezeigt. Manchmal ist er im Rückspiegel des Taxis. Es ist üblich, dass man dem Taxifahrer ein Trinkgeld gibt, d.h., man bezahlt etwas mehr, als man eigentlich bezahlen müsste.

Taxistand

**Schweizerdeutsch**
der Taxichauffeur = der Taxifahrer

# Übungen

## 9 Das haben Sie gelernt

**1**   Ergänzen Sie den Text.

a.   Wenn Sie weite Strecken schnell zurücklegen möchten, sollten Sie in Deutschland mit dem _____
und in Österreich mit dem _____ fahren.
Diese Züge halten nur in großen Städten und sie fahren sogar ins Ausland.

b.   Der _____ verbindet verschiedene Regionen miteinander, aber diese Züge fahren nicht ins Ausland.

c.   _____ fahren nicht so weite Strecken. Sie halten oft.

**2**   Ansagen auf dem Bahnhof und im Zug. Hören Sie die Ansagen und beantworten Sie die folgenden Fragen:

a.   Sie möchten nach Hamburg fahren. Welche Ansagen sind für Sie wichtig?

☐ Audio 1        ☐ Audio 2        ☐ Audio 3        ☐ Audio 4        ☐ Audio 5

b.   Audio 1: Wo hält der Zug als nächstes?

In _____

c.   Audio 2: Wo hält der Zug in wenigen Minuten?

In _____

d.   Audio 3: Mit welchem Zug können Sie nach München fahren?

Mit _____

e.   Audio 3: Wann fährt der Zug nach Klagenfurt ab?

Um _____

f.   Audio 5: Sie kommen auf Gleis 2 an. Wohin können Sie direkt weiterfahren? Markieren Sie die korrekten Städte.

☐ Mannheim          ☐ Bad Kreuznach        ☐ Hamburg          ☐ Frankfurt
☐ Köln              ☐ Bad Krotzingen       ☐ Wiesbaden        ☐ Baden-Baden

**3**   Wortschatz: Verbinden Sie die Wortteile.

| Einzel- | -fahrt |
| Tages- | -plan |
| Rück- | -tageskarte |
| Gruppen- | -fahrschein |
| Reise- | -karte |

**4**   Welche anderen Wörter für *Fahrkarte* haben Sie kennengelernt? Ergänzen Sie das Diagramm.

die Fahrkarte ⊢ _____
                 _____
                 _____

# Wörter und Wendungen

## 10 Wichtige Wörter von Einheit 2

Notieren Sie die Schlüsselwörter und übersetzen Sie in Ihre Sprache.

**Start**

> Ich fahre mit dem Fahrrad zur **Haltestelle** und dann nehme ich die Straßenbahn bis zur End**station**.

**Ihr Wörterbuch**

e Haltestelle, -n (bus stop ) _____

_____

**Bahn**

> In den DACH-Ländern kann man im **Nahverkehr** ein Fahrrad in den Zügen mitnehmen.
> Im **Fernverkehr** sind die IC- und ICE- Züge sehr praktisch: Sie halten nur in großen Städten.
> In Europa kann man auch große **Entfernungen**, z.B. von Berlin nach Paris, mit dem Zug zurücklegen.
> Der ICE ist ein **Hochgeschwindigkeitszug**.
> Einige Bahnen sind **Doppelstockwagen**. Von oben hat man eine gute Aussicht.
> Möchten Sie eine Hin- oder auch eine **Rückfahrkarte**?
> Abfahrt: 10.34 Uhr. Ankunft: 14.50 Uhr. (= Sie fahren um 10.34 Uhr **ab** und **kommen** um 14.50 Uhr **an**.)
> Der **Sparpreis** ist viel billiger als der Normalpreis.
> Der Zug war fast leer: Wir hatten ein **Abteil** für uns.
> Im **Großraumwagen** gibt es Sitze mit einem Tisch.
> Möchten Sie einen **Platz** am Fenster oder am **Gang**?
> Sie können online mit Ihrer **Kreditkarte** bezahlen.
> Gibt es eine **direkte Verbindung** oder muss ich **umsteigen**?
> Am **Schalter** muss man manchmal lange warten.

**Mit Bus, Straßenbahn und U-Bahn fahren**

> Sie müssen das Ticket am **Automaten entwerten**.
> Zeigen Sie Ihre **Fahrkarte** dem **Kontrolleur**.
> Geben Sie jetzt Ihre **Geheimnummer** ein.
> Dieser Automat nimmt **Banknoten** und **Münzen**.
> Manche Fahrkartenautomaten geben kein **Wechselgeld** heraus. Halten Sie immer einige Münzen bereit.

**Taxi und Fahrrad**

> Die Taxis warten meist am **Taxistand**.
> Sagen Sie das **Fahrziel**.
> Brauchen Sie eine **Quittung**?
> **Es ist üblich, dass** man dem Taxifahrer ein **Trinkgeld** gibt.
> Sie erhalten einen **4-stelligen Öffnungscode** per SMS.
> Öffnen Sie das Schloss nach den **Anweisungen**.

# GELD 3

## Sie lernen ...

**Euro und Franken**
- Euro und Franken unterscheiden
- mit Banknoten und Münzen umgehen

**Auf der Bank**
- ein Konto eröffnen, Geld überweisen
- einen Dauerauftrag und eine Einzugsermächtigung erteilen
- Geld wechseln
- online Geld überweisen

**Geldautomat und Online-Banking**
- einen Geldautomaten bedienen

## Start

## 1 Geld in Europa

a   Wie heißt das Geld?

| Land | Scheine (Papiergeld) | Münzen | Land | Scheine | Münzen |
|------|---------------------|--------|------|---------|--------|
| Deutschland, Österreich | | | Großbritannien | | |
| Schweiz | | | Polen | | |

b   Welche Bilder gehören zu welchem Land?

> Deutschland: _____
> Österreich: _____
> Schweiz: _____

c   Welche Länder in der EU haben eine eigene Währung, nicht den Euro?

_____

d   Wie viel Geld brauchen Sie bei einem Urlaub in Deutschland, Österreich oder der Schweiz pro Tag?

Pro Tag brauche ich _____

e   Vergleichen Sie mit anderen Kursteilnehmern.

---

**MEMO**

**Euro**
Singular: 1 Euro
Plural: 2 Euro

**Cent**
Singular: 1 Cent
Plural: 2 Cent

Singular und Plural sind in Verbindung mit Zahlwörtern grammatisch gleich.
Beispiel: *Das kostet fünf Euro.*

27

# Euro und Franken
## 2 Mit dem Euro bezahlen

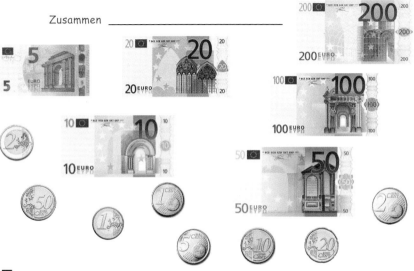

a  Wie viele Euro und Euro-Cent sind das zusammen?

Zusammen _____

### Der Euro und der Euro-Cent

Die Währung *Euro* (EUR) gibt es seit dem 1. Januar 2002. Der Euro ist das offizielle Zahlungsmittel in den sogenannten Euro-Ländern. 1 Euro (€) hat 100 Cent. Weil es den Cent noch in anderen Ländern gibt, z. B. in den USA, sagt man offiziell auch *Euro-Cent*.

Die Banknoten sind in der Größe und in der Farbe unterschiedlich. Die größte Note ist der 500-Euro-Schein, die kleinste der 5-Euro-Schein. Alle Scheine sind in allen Ländern gleich.
Die Vorderseite der Münzen ist auch gleich, aber die Rückseite ist verschieden: Jedes Land darf die Rückseite der Münzen gestalten, wie es möchte.

b  In welchen Ländern kann man mit dem Euro bezahlen?

c  Welche Motive gibt es auf der Rückseite der Münzen? Erklären Sie die Motive Ihres Landes oder eines Euro-Landes Ihrer Wahl.

d  Sie haben bei Dallmayr eingekauft und müssen bezahlen. Sie geben einen 50-Euro-Schein. Welche Münzen und Banknoten bekommen Sie zurück?

Ich bekomme _____

e  Sie haben im Café Figaro gegessen. Jetzt müssen Sie bezahlen. Welche Scheine und Münzen geben Sie?

 +

f  Welche Scheine und Münzen geben Sie für die Hotelrechnung?

Ich gebe _____

# 3 Der Schweizer Franken

a  Vergleichen Sie den Schweizer Franken mit dem Euro. Welche Unterschiede gibt es?

### Der Schweizer Franken und der Rappen

Die Schweiz liegt zwar mitten in Europa, aber die offizielle Währung der Schweiz ist nicht der Euro, sondern der *Schweizer Franken* (CHF). 1 Franken sind 100 *Rappen*.

Auf der Vorderseite der Geldscheine sind die Porträts von berühmten Schweizer Persönlichkeiten abgebildet. Außerdem sieht man links oben auf den Geldnoten diese Personen bei der Arbeit. Sie können daher ungefähr erraten, warum eine Person berühmt ist.

Die Rückseiten der Geldscheine zeigen Abbildungen von Werken dieser Personen.

| Der Euro ... |
| --- |
|  |
|  |
|  |
|  |

b  Hier sehen Sie Ausschnitte aus Euro- und Franken-Scheinen. Welche Ausschnitte gehören zu welchen Noten?

| | | |
| --- | --- | --- |
| 5€ | | |
| | | |

# Banken in Deutschland, Österreich und der Schweiz

## 4 Sparkassen und Banken

a   Welche Bank kommt aus Deutschland, Österreich oder der Schweiz?

**INFO**

### Banken

Es gibt Privatbanken, Sparkassen und Direkt-banken. Privatbanken und Sparkassen haben Filialen in vielen Städten, Direktbanken gibt es nur im Internet. Normaler-weise eröffnet man ein Konto, auf dem man Euro einzahlen und abheben kann. Es ist aber auch möglich, ein Konto für eine andere große Wäh-rung, z. B. Dollar, Yen, Krone etc., zu eröffnen. Das nennt man *Fremd-währungskonto*.

Ein Konto kostet jeden Monat Gebühren. Man-che Banken verzichten jedoch auf diese Gebüh-ren, besonders wenn die Kunden noch Schüler oder Studenten sind. Die Gebühren können sehr unterschiedlich sein. Sie sollten sie daher gut vergleichen.

| Länder | Banken |
|---|---|
| Deutschland | Deutsche Bank |
| Österreich | |
| Schweiz | |

b   Vergleichen Sie die Gebühren der Banken. Benutzen Sie dazu die Links auf unseren Internetseiten.

| Bank | Kosten pro Monat |
|---|---|
| Berliner Bank | |
| Deutsche Bank | |
| Hypo Vereinsbank | |
| Targobank | |
| Sparda Bank Berlin | |
| EthikBank | |
| Postbank | |
| Santander Consumer Bank | |

c   Welche anderen Banken in Deutschland, Österreich oder der Schweiz kennen Sie?

# Auf der Bank

## 5 Ein Konto eröffnen, Geld überweisen

a Kontoeröffnung: Hören Sie den Dialog auf unserer Internetseite und füllen Sie das Formular aus.

> ### Geld bewegen
>
> Sie können auf Ihr eigenes Konto Geld *einzahlen*. Das machen Sie entweder am Geldautomaten oder am Schalter Ihrer Bank. Umgekehrt können Sie auch am Automaten oder Schalter Geld von Ihrem Konto *abheben*. Dafür brauchen Sie am Bankschalter einen Ausweis und am Automaten eine Geheimnummer.
>
> Häufig kostet es eine Gebühr, wenn Sie den Automaten einer anderen Bank benutzen. Wenn Sie Geld auf ein anderes Konto schicken möchten, nennt man das *überweisen*. Geld können Sie am Schalter und online über das Internet überweisen.

b Überweisung: Emily Lund hat einen Brief von ihrer Versicherung bekommen. Füllen Sie für Emily das Überweisungsformular korrekt aus.

Am 31. März dieses Jahres wird der vierteljährliche Beitrag von

**Euro 615, 00**

für Ihre Krankenversicherung fällig.
Bitte überweisen Sie den Betrag auf das unten angegebene Konto.
Mit freundlichen Grüßen

Ihre kompetente Kundenberaterin

*Caroline Schmidt*

Deutsche Krankenversicherung
Hardenbergstrasse 32
D-10623 Berlin

IBAN DE1010070848023749001
BIC/SWIFT-Code DEUTDEDB110

**€uro-Überweisung**

Für Überweisungen in Deutschland, in andere EU-/EWR-Staaten und in die Schweiz in Euro.

Kontoinhaber trägt Entgelte bei seinem Kreditinstitut; Zahlungsempfänger trägt die übrigen Entgelte.

| Angaben zum Zahlungsempfänger: Name, Vorname/Firma (max. 27 Stellen, bei maschineller Beschriftung max. 35 Stellen) |
| --- |

D e u t s c h e   K r a n k e n v e r s i c h .

IBAN

BIC des Kreditinstituts/Zahlungsdienstleisters (8 oder 11 Stellen)

Betrag: Euro, Cent

Kunden-Referenznummer - Verwendungszweck, ggf. Name und Anschrift des Zahlers - (nur für Zahlungsempfänger)

noch Verwendungszweck (insgesamt max. 2 Zeilen à 27 Stellen, bei maschineller Beschriftung max. 2 Zeilen à 35 Stellen)

Angaben zum Kontoinhaber: Name, Vorname/Firma, Ort (max. 27 Stellen, keine Straßen- oder Postfachangaben)

IBAN
D E

16

Datum    Unterschrift(en)

**€URO-ÜBERWEISUNG (SEPA)**

s Kreditinstitut = Bank
r Verwendungszweck = Wofür ist das Geld?

## 6 Am Bankschalter

a  Hören Sie den Dialog auf unserer Internetseite und füllen Sie den Dauerauftrag aus.

---

| | IBAN |
|---|---|
| | Kontobezeichnung |

**Dauerauftrag**

| Art des Auftrags | | | Nr. des Dauerauftrages (nur bei Änderung oder Löschung erforderlich) |
|---|---|---|---|
| ☐ Neuanlage | ☐ Änderung | ☐ Löschung | |

**Dauerauftrag / Inland (Erfassung über MBSopen TC 612)**

☐ Überweisung   ☐ **Lastschrift** (Voraussetzung ist die separate Vereinbarung über den Einzug von Forderungen mittels Lastschrift.)

**Dauerauftrag / Ausland (Bitte Formular inkl. Dispositionsanweisung zur Erfassung an den nachfolgend genannten Bereich senden.)**

☐ SEPA-Überweisung (weiterleiten an IZV)     ☐ AZV-Auftrag (weiterleiten an AZV, ggf. gewünschte Zusatzweisungen sind mittels beigefügtem Z1-Formular zu erteilen)

**Ausführungs-Modus**

☐ monatlich   ☐ zweimonatlich   ☐ vierteljährlich   ☐ halbjährlich   ☐ jährlich

| Nur Dauerauftragsart Abschöpfungs-Sparen | Abschöpfung Minimum in EUR | Abschöpfung Maximum in EUR | Restsaldo Auftraggeberkonto |
|---|---|---|---|
| erstmalige Ausführung am | | letztmalige Ausführung am (ohne Angabe gilt die Ausführung unbefristet) | |

**Angaben zu den einzelnen Zahlungsaufträgen**

Name, Vorname / Firma des Empfängers der Überweisungen bzw. des Zahlungspflichtigen der Lastschriften (maximal 27 Stellen möglich)

IBAN

| BIC | Betrag in EUR |
|---|---|

Name des Instituts

Verwendungszweck (maximal 4 x 27 Stellen möglich)

**Ich / Wir beauftrage(n) die National-Bank AG mit der Einrichtung des vorstehenden Dauerauftrages.**

✗

Datum                    Unterschrift(en) des / der Kontoinhaber(s)

b  Ergänzen Sie die Angaben zu den einzelnen Zahlungsaufträgen in dem Dauerauftrag mit Hilfe des Mietvertrags.

---

**Einzugsermächtigung**                    *Stadtwerke Essen AG*

☐ Wasser
Kunden-Nr.  W-1705-234     Kundenkonto-Nr.-Wasser  28973-996

**Hiermit ermächtige ich die Stadt Essen widerruflich die Wassergebühren von meinem Konto einzuziehen.**

**Bankverbindung**

IBAN

BIC  NBAGDE3EXXX          bei (Bank, Sparkasse, Postgiroamt)

Kontoinhaber

| Name | Vorname |
|---|---|
| Straße | Haus-Nr. |
| PLZ          Ort | |
| Datum | Unterschrift |

Stadtwerke Essen AG, Rüttenscheider Straße 27-37, 45128 Essen

c  Füllen Sie die Einzugsermächtigung für die Stadtwerke Essen für Justyna aus.
Die Adresse ist die Adresse der neuen Wohnung!

---

## Daⁿerauftrag und Einzugsermächtigung

Wenn Sie regelmäßig eine bestimmte Summe bezahlen müssen, z.B. Ihre Miete oder Versicherungen, können Sie der Bank einen *Dauerauftrag* geben. Die Bank überweist dann die von Ihnen bestimmte Summe an den von Ihnen bestimmten Empfänger. Ein Beispiel: Die Bank überweist jeden Monat am 30. die Miete auf das Konto Ihres Vermieters.

Das Gegenteil des Dauerauftrags ist die *Einzugsermächtigung*: Damit kann jemand von Ihrem Konto eine bestimmte Summe einziehen. Das ist praktisch, wenn es nicht immer die gleiche Summe ist; z.B. bei der Strom-, Wasser- oder der Telefonrechnung. Im Allgemeinen gibt es von den Telefon- oder Gasanbietern usw. bereits Formulare für die Einzugsermächtigung.

---

## Mietvertrag

Zwischen

Name  Casa Immobilien
Adresse  Heckerstraße 25, 45239 Essen
Tel.  0201-490470

– Vermieter –

und

Name  Justyna Kallweit
Adresse  23 Raina Blvd, Riga LV-1586 (Lettland)
Tel.  00371-67095184

– Mieter –

kommt nachfolgender Mietvertrag über Wohnraum zustande:

**§1 Mieträume**

Der Vermieter vermietet dem Mieter zu Wohnzwecken die im Hause
Altendorfer Straße 364, 45143 Essen ....................(Adresse) im ...2.. Stock
(rechts, links, Mitte) gelegene Wohnung (Nr....) bestehend aus ..2.. Zimmern, Küche, Diele,
Bad/WC, (Kellerraum, ~~Balkon~~, ~~Terrasse~~, ...........). Die Wohn/Nutzfläche beträgt ca. ..54..
Quadratmeter

**§3 Zahlung der Miete und Nebenkosten**

Miete und Nebenkosten sind ab Beginn der Mietzeit monatlich im Voraus, spätestens bis zum dritten
Werktag eines Monats für den Vermieter kostenfrei auf das Konto des Vermieters

IBAN: DE54280635260045348500 bei  Volksbank Essen-Cappeln eG
BIC:  GENODEF1ESO.............

zu überweisen. Ausschlaggebender Zeitpunkt ist die Wertstellung auf dem Konto des Vermieters,
nicht der Tag der Absendung.

# 7 Geld wechseln

a Geld wechseln auf der Bank: Sechs Fragen und sechs Antworten passen zusammen. Welche?
Verbinden Sie die Fragen und Antworten und dann die Ziffern in dem Suchbild. Welches Symbol sehen Sie?

| | | | | |
|---|---|---|---|---|
| Wo kann ich Geld wechseln? | I | | 11 | Die Gebühr beträgt 1% der Kaufsumme. |
| Bitte geben Sie mir auch etwas Kleingeld. | 2 | | 12 | Ist ein 1000 Euro-Schein in Ordnung? |
| Wo ist in der Nähe eine Bank? | 3 | | 13 | 1 Zloty sind heute 0,23 Euro. |
| Wie viel Geld haben Sie? | 4 | | 14 | Tragen Sie Ihren Namen in das Formular ein. |
| Wie hoch sind die Gebühren? | 5 | | 15 | Dort hinten, an Schalter 5. |
| Kann ich bei Ihnen Reiseschecks einlösen? | 6 | | 16 | Sie müssen hier unterschreiben. |
| Haben Sie Ihren Ausweis dabei? | 7 | | 17 | Ja. Haben Sie Dollar- oder Euro-Schecks? |
| Wo bekomme ich ein Überweisungsformular? | 8 | | 18 | Sind 5-, 10- und 20-Euro-Scheine in Ordnung? |
| Kann ich bei Ihnen ein Konto eröffnen? | 9 | | 19 | Nein, aber ich habe meinen Führerschein dabei. |
| Wie ist der Wechselkurs heute? | 10 | | 20 | Ja, aber ich besitze nur Bargeld. |

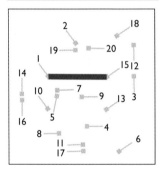

Lösung: Das _____ -Zeichen

**MEMO**

### Geld wechseln

❯ Wo kann ich Geld wechseln?
❯ Ich möchte 200 Dollar in Euro umtauschen, bitte.
❯ Wie ist der Wechselkurs heute?
❯ Wie hoch ist die Gebühr?
❯ Kann ich bei Ihnen Reiseschecks einlösen?
❯ Wie viele Franken bekomme ich für 200 Euro?
❯ In welcher Währung sind Ihre Reiseschecks?
❯ Sie müssen die Reiseschecks hier rechts unterschreiben.

b Ergänzen Sie den Dialog. Die Sätze aus der Memo-Box sind eine Hilfe. Kontrollieren Sie danach mit dem Dialog auf unserer Internetseite.

■ Hallo, guten Tag. Was kann ich denn heute für Sie tun?

▲

■ Haben Sie Bargeld oder Reiseschecks dabei?

▲

■ In welcher Währung haben Sie die Reiseschecks dabei?

▲

■ Und Sie möchten von uns Euro dafür haben?

▲

■ Die Gebühr beträgt 1% der Kaufsumme.

▲

■ 1 Euro kostet heute 1,30 Dollar.

▲

■ Gut, das wären dann 260 Euro. Haben Sie Ihren Ausweis dabei? Außerdem müssten Sie mir die Schecks noch unterschreiben.

▲

c Welche Verben passen zu den Substantiven? Verbinden Sie.

| | |
|---|---|
| die Gebühr | einlösen |
| den Reisescheck | eröffnen |
| Euros | betragen |
| das Konto | umtauschen |

**Schweizerdeutsch**
*r Cheque* = r Scheck

# Geldautomat und Online-Banking

## 8 Bargeld abheben und Rechnungen online bezahlen

a  Schreiben Sie die korrekten Nummern in die passenden Kästchen.

1  Stecken Sie zuerst Ihre EC-Karte in den Kartenschlitz.

2  Wählen Sie dann auf dem Bildschirm *Bargeldabhebung*.

3  Geben Sie danach Ihre PIN über die Tastatur ein.

4  Auf dem Bildschirm werden verschiedene Bargeldbeträge angezeigt. Wählen Sie den gewünschten Betrag per Knopfdruck aus.

5  Wenn Sie einen Fehler gemacht haben, drücken Sie auf *Korrektur*.

6  Wenn Sie den Vorgang abbrechen möchten, drücken Sie auf *Abbruch*.

7  Wenn alles richtig ist, drücken Sie auf *Bestätigung*.

8  Danach werden Sie aufgefordert, Ihre EC-Karte zu entnehmen.

9  Nehmen Sie zum Schluss Ihren Geldbetrag aus dem Geldfach.

### Die Öffnungszeiten der Banken

In Deutschland, Österreich und der Schweiz sind die Öffnungszeiten der Banken nicht einheitlich. Auch die verschiedenen Filialen einer Bank haben oft keine einheitlichen Öffnungszeiten. Manche kleinere Filialen machen sogar eine Mittagspause.

Sie können aber mit großer Sicherheit davon ausgehen, dass von Montag bis Freitag zwischen 10 und 12 Uhr und zwischen 13 und 15 Uhr jede Bank geöffnet hat.

b  Herr Rossi wohnt in Weimar und möchte seine Stromrechnung online überweisen. Er öffnet die Online-Banking-Seite seiner Bank. Worauf muss er klicken, um das Online-Formular zu öffnen?

Auf _____

c  Welche Kästchen in dem Online-Formular muss Herr Rossi ausfüllen? Markieren Sie diese Kästchen.

d  Auf unserer Internetseite finden Sie einen Link zur Deutschen Bank. Folgen Sie diesem Link und überweisen Sie das Geld. Alle notwendigen Angaben stehen auf dem Zettel unten.

Direkt zu ...

- ▶ Umsatzanzeige
- ▶ Inlands-Überweisung  **b**
- ▶ Daueraufträge
- ▶ Lastschrift
- ▶ Überweisungsvorlagen
- ▶ Wertpapierkauf
- ▶ Wertpapierverkauf
- ▶ Direct Trade
- ▶ Orderbuch
- ▶ Vermögensaufstellung
- ▶ Adressdaten bearbeiten
- ▶ Prepaidaufladung
- ▶ TAN-Block aktivieren
- ▶ mobileTAN-Verfahren
- ▶ Kunden-Logout

Stadtwerke Weimar
Stadtversorgungs-GmbH
Industriestraße 14
99427 Weimar
HypoVereinsbank  **d**
Weimar,
IBAN: DE42820510000000006459
BIC: HELADEF1WEM

127,36€

# Übungen

## 9 Das haben Sie gelernt

**1** Welche Wörter passen zu den Erklärungen? Schreiben Sie die Wörter in die Kästchen.

1 Davon möchte jeder viel besitzen.
2 So heißt die Währung der Schweiz.
3 Ein anderes Wort für *Geld*.
4 Diese Zahl bekommen Sie, wenn Sie bei einer Bank ein … eröffnen.
5 Die Währung von Deutschland.
6 Damit können Sie in vielen Geschäften bezahlen, ohne Bargeld zu benutzen.
7 Das Verhältnis von verschiedenen Währungen, z. B. Euro und Dollar. Es ändert sich jeden Tag.
8 Auf einer Bank müssen Sie davon viele ausfüllen (Singular). Manchmal ist es etwas schwierig.
9 In einer Bank gibt es davon viele. Sie gehen dorthin und werden von einer Person bedient.
10 Ein besondere Art von Bank.
11 Papiergeld
12 Für viele Dienste müssen Sie bezahlen. Dieses Geld nennt man … .

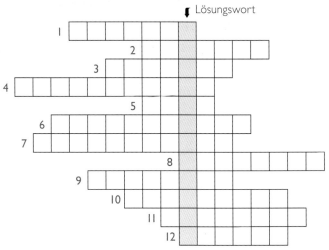

Lösungswort

**Lösung**: Die Bank überweist damit regelmäßig Geld, z. B. für die Miete.

**2** Ergänzen Sie die Antworten und die Fragen. Benutzen Sie dabei die folgenden Wörter:

BIC – Bargeld – Kleingeld – Konto – Wechselkurs

■ Was kann ich für Sie tun?

▲ _____

■ _____

▲ Ich glaube 545 100 67.

▲ _____

■ Ein Euro kostet heute 123 Yen.

■ Sie möchten also Dollars in Franken wechseln. Haben Sie Reiseschecks?

▲ Nein, _____

▲ _____

■ Gerne. Sind 20- und 50-Cent-Münzen in Ordnung?

# Wörter und Wendungen
## 10 Wichtige Wörter von Einheit 3
Notieren Sie die Schlüsselwörter und übersetzen Sie in Ihre Sprache.

Euro und Franken
> Die **Währung** vieler europäischer Länder ist der Euro.
> Das **Zahlungsmittel** in der Schweiz ist der Franken.
> Die **Banknoten** sind aus Papier, die **Münzen** aus Metall.
> Die **Motive** der Cent-Münzen sind je nach Land unterschiedlich **gestaltet**.
> Franken-Noten zeigen berühmte **Persönlichkeiten**.

Banken in Deutschland, Österreich und der Schweiz
> Bei vielen Banken muss man jeden Monat **Gebühren** bezahlen.

Auf der Bank
> Wenn Sie in Österreich leben möchten, brauchen Sie ein **Konto** bei einer Bank in Österreich. Sie müssen daher bei einer Bank oder einer Sparkasse **ein Konto eröffnen**. Auf dieses Konto können Sie **Geld einzahlen** und Sie können **Geld abheben**. Oder Sie **überweisen** Geld auf ein anderes Konto.
> Jeder Bankkunde hat eine eigene Nummer. Das ist die **IBAN** (= international bank account number).
> Für einen Geldautomaten brauchen Sie Ihre **EC-Karte** und Ihre **Geheimnummer**.
> Sie können auch Geld in der Bank, am **Schalter**, überweisen. Dafür gibt es **Überweisungsformulare**.
> Ein **Dauerauftrag** ist sehr praktisch: Die Bank überweist z.B. **regelmäßig** meine **Miete** auf das Konto meines **Vermieters**. Ich muss nicht mehr daran denken.
> Wenn ich den **Stadtwerken** meines Wohnorts eine **Einzugsermächtigung** gebe, kann die Gebühr für Strom, Wasser usw. abgebucht werden.
> In den Euro-Ländern braucht man kein **Geld** mehr zu **wechseln**: Überall kann man mit Euro bezahlen.
> In der Schweiz muss ich Franken wechseln. Dafür kann ich **Reiseschecks einlösen** oder **Bargeld** wechseln.
> Achten Sie auf die **Öffnungszeiten** der Banken, sonst stehen Sie vor verschlossenen Türen.

Geldautomat und Online Banking
> Lesen Sie genau die Informationen auf dem **Bildschirm** der Geldautomaten.
> Bezahlen Sie doch Ihre **Rechnungen** im Internet: Das ist sehr praktisch.

Ihr Wörterbuch

e Währung, -en (currency)

_____
_____
_____
_____
_____
_____
_____
_____
_____
_____
_____
_____
_____
_____
_____
_____
_____
_____
_____
_____
_____
_____
_____
_____
_____
_____
_____
_____
_____

# EINKAUFEN 4

## Sie lernen ...

**Im Supermarkt**

- Produkte finden
- Kategorien verstehen
- an der Kasse bezahlen
- Pfandautomaten bedienen

**Mengen und Qualität**

- Verpackungsgrößen verstehen
- Produkte reklamieren und umtauschen

**Im Kaufhaus**

- Kleidung kaufen, anprobieren, die Größe erfragen

**Fachgeschäfte**

- sprachliches Verhalten in Geschäften mit Bedienung

# Start

## 1 Geschäfte

a   Welche Geschäfte sehen Sie auf den Bildern oben? Notieren Sie die passende Nummer und den Artikel.

☐ ____ Metzgerei      ☐ ____ Buchhandlung      ☐ ____ Schuhgeschäft

☐ ____ Supermarkt     ☐ ____ Bäckerei          ☐ ____ Modehaus

b   In welchen Geschäften kaufen Sie die folgenden Produkte:

| Produkt | Geschäft |
|---|---|
| eine Schraube | |
| eine Brille | |
| Kaugummis | |
| Kopfschmerztabletten | |
| Kondome | |
| eine Pfanne | |

...
r Optiker
s Kaufhaus
r Kiosk
e Apotheke
r Baumarkt
r Drogeriemarkt

c   Kennen Sie die Dinge auf den Bildern Nr. 3 und 7? Sprechen Sie mit Ihrem Nachbarn und erklären Sie dann im Kurs, was man auf diesen Bildern sehen kann.

# Im Supermarkt

## 2 Produkte finden

a Wo finden Sie die Produkte des Einkaufszettels? Ordnen Sie die Produkte den Schildern im Supermarkt zu.

b Finden Sie weitere Beispiele für diese Kategorien:

Süßwaren: _____

Spielwaren: _____

Getränke: _____

Teigwaren: _____

Medienwelt: _____

Obst und Gemüse: _____

... _____

### Einkaufszettel

1. 2 Batterien
2. 1 Pfd. Karotten
3. 1 Packung Toastbrot
4. 200g Tilsiter od. Gouda
5. 100g Salami
6. 1/4 Leberwurst
7. 1 Dose Tomaten
8. 2 Schnitzel
9. 1 l Milch

... und für heute Abend eine DVD ausleihen!

c Warenkunde: Schreiben Sie die drei Begriffe an die richtige Position.

1 Liter

**Fruchtsaftgetränke** enthalten nur 6-30 % Fruchtsaft. Der Rest besteht aus Wasser, Zusatzstoffen und bis zu 100 g Zucker pro Liter.

**Saft** muss aus 100% Fruchtgehalt bestehen. Saft enthält keinen zusätzlichen Zucker.

**Nektar** wird aus Wasser, Fruchtsaft und Zucker hergestellt. Der Fruchtanteil liegt zwischen 25-50 %. Der Rest besteht aus Wasser und bis zu 20 % Zucker.

# 3 An der Kasse

a   Was muss man in einem Supermarkt an der Kasse machen?
Beschreiben Sie die Bilder.

Zuerst muss man ...

_____
_____
_____

s Förderband

r Einkaufswagen

Dann ...

_____
_____
_____
_____

Zum Schluss ...

_____
_____
_____
_____

b   Rückgabe von Pfandflaschen:
Welche Erklärungen passen zu der Illustration? Schreiben Sie die Buchstaben in die richtige Box.

**A:** Flaschen
dürfen keine
Restflüssigkeit
enthalten.

**B:** Leergut
bitte langsam
einlegen. Nicht
werfen.

**C:** Bitte nur
unbeschädigtes
Leergut mit
Etikett einlegen.

**D:** Benötigen Sie
Hilfe? Wenden Sie
sich bitte an einen
Mitarbeiter.

**E:** Nach der letz-
ten Eingabe er-
halten Sie auf
Knopfdruck eine
Quittung, die Sie
an der Kasse einlö-
sen können.

# Mengen und Qualität

## 4 Verpackungen, Mengen und Qualität verstehen

a Welche Mengenangaben gehören zu den Produkten? Tragen Sie die korrekten Begriffe ein.

**Röggli**
jeder 3er-

0,⁶⁹

Südafrika/Chile
Tafeltrauben
„Thompson Seedless"
hell, kernlos, HKL. I,
je 1

2,⁹⁹

MEMO

**Krustenbrot**
jeder
1000-g-

1,²⁹

vitafit **Tomatensaft**
• Aus Tomatensaftkonzentrat
mit Meersalz, Gewürzen
und einem Schuss Zitronen-
saft fein abgestimmt
• Sonnengereifter Genuss

1-L-
-.79

**Hengstenberg
Mildessa
Weinsauerkraut** oder
**Rotkohl**
jede 850-ml-
770 g Abtropfgewicht
Grundpreis:
Abtropfgewicht 1 kg = 1,29

0,⁹⁹

**Böklunder
Wiener** oder
**Frankfurter
Art**
im Saitling,
jedes 6 Stück
250-g-
Grundpreis: 100 g = 0,80

1,⁹⁹

Becher – Beutel – Dose – Glas
– HKL. 2 – kg – Laib – Packung

**Frucht-
joghurt**
...ss in vielen fruchtig-frischen
...srichtungen wie Kirsche, Erdbeere,
oder Pfirsich-Maracuja
...ett

je 150-g-
-.39

**Bio-Äpfel** „Royal Gala",
aus Italien,

1,59

### Mengen und Qualität

Preise beziehen sich immer auf eine bestimmte **Menge**. Die Mengenangaben sind je nach Produkt verschieden:

> Obst, Gemüse, Pilze etc.:
> Stück (Stck./ St.), Pfund
> (Pfd.=500g), Kilogramm (kg),
> Schale
> Brot, Brötchen etc.:
> Laib, Stück, Beutel
> Getränke:
> Liter (l), Flasche (Fl.), Kasten,
> Packung, Dose
> Wurst, Käse:
> Gramm (g),Viertel (=125 g)
> Joghurt, Quark etc.: Becher,
> Scheiben

Die **Qualität** der Lebensmittel, ins-besondere von Obst und Gemüse, wird mit dem Begriff *Handelsklasse* (HKL.) oder einfach mit *Klasse* gekennzeichnet. Die beste Qualität ist die Klasse 1. Bei der Klasse 2 gibt es kleine Fehler im Aussehen.

b Auf dem Markt: Ergänzen Sie die Lücken und ordnen Sie die Sätze zu Dialogen.

| Kunde | Verkäufer |
|---|---|
| Dann geben Sie mir bitte _____ . | Ja, 10 Euro 30 das _____ . |
| Dann nehme ich _____ . | Das _____ für 1 Euro 90. Sehr süß und lecker. |
| Gibt es schon Spargel? | |
| Haben Sie Orangen? | Ja, da vorne. Die sind heute ganz billig. 5 Euro die _____ . |
| Was kosten denn die Melonen? | |
| Gut, dann geben Sie mir ein _____ , bitte. | |

Dialog 1
.....

Dialog 2
.....

Dialog 3
.....

c Kontrollieren Sie Ihr Ergebnis mit den Dialogen auf der Internetseite.

# Im Kaufhaus

## 5 Kleidung kaufen

a  Wortschatz *Kleidung*: Ziehen Sie die Schaufensterpuppen an. Malen Sie die
   Kleidung für die Puppe an die richtige Position.

e Schuhe

~~r Slip~~

e Strumpfhose

r BH     e Bluse

e Sandalen

r Rock

r Gürtel

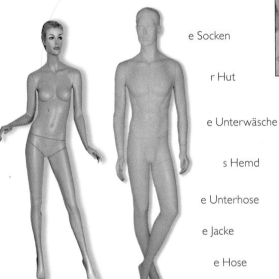

e Socken

r Hut

e Unterwäsche

s Hemd

e Unterhose

e Jacke

e Hose

**Schweizerdeutsch** ➕

r *Sack* = e Tasche
r *Jupe* = r Rock
r *Kittel* = e Jacke

**Österreichisch –
Deutsch** ═

s *Gewand* = e Kleidung

**INFO**

### Die Toilette

Kundentoiletten in
Kaufhäusern und Bahn-
höfen kosten häufig
Geld. In Kaufhäusern
gibt es eine Person, die
die Toiletten sauber
macht. Am Ausgang
der Toilette steht ein
Tisch mit einem Teller.
Auf diesen Teller kön-
nen Sie beim Verlassen der Toilette
etwas Geld legen.
Üblich sind ca. 50
Cent.

In Bahnhöfen ist
der Preis festge-
legt: Man muss an
einem Automaten
eine Eintrittskarte
für die Toilette
kaufen. Manchmal
bekommt man einen Gutschein für
einen Teil des Geldes. Dafür kann
man in den Geschäften wieder
etwas kaufen.

b  Im Kaufhaus: Ordnen Sie immer zwei passende Sätze einander zu.

| | |
|---|---|
| 1̸ Guten Tag. Kann ich Ihnen helfen? | a  Das ist kein Problem, ich messe mal nach. |
| 2  Der Rock steht Ihnen sehr gut. | b  Ach, finden Sie? |
| 3  Haben Sie die auch in Blau? | c̸  Ich suche eine Bluse für mich. |
| 4  Wo sind denn die Umkleidekabinen? | d  Im ersten Stock. Neben der Rolltreppe. |
| 5  Entschuldigung, ich kenne meine Hemdgröße nicht. | e  Gleich da vorne. Momentan sind aber alle besetzt. |
| 6  Die Strumpfhose, die ich gestern gekauft habe, hat ein Loch. | f  Die können Sie natürlich umtauschen. Da müssen Sie nur zur Zentralkasse gehen. |
| 7  Ich glaube, die Hose ist etwas zu groß. Warten Sie, ich hole Ihnen eine Nummer kleiner. | g  Nein, leider nicht. Aber ich glaube, Ihnen steht auch Türkis sehr gut. |
| 8  Wo gibt es denn Unterwäsche für Herren? | h  Das ist nett. Vielen Dank. |

Lösung: 1c, _____

c  Kontrollieren Sie Ihre Lösung mit Hilfe der Dialoge auf unserer Internetseite und sprechen Sie die Dialoge
   mit einem Partner.

# 6 Reklamieren und umtauschen

**INFO**

## Waren zurückgeben

Wenn Sie zu Hause merken, dass
ein Produkt kaputt ist,
dann können
Sie diese Ware
reklamieren. Sie
brauchen dafür
den Kassenbon
bzw. Kassenzettel.
Gehen Sie damit zu dem
Geschäft und sagen Sie,
was nicht richtig funktioniert oder
warum die Ware schlecht ist. Sie
haben dann das Recht, eine neue
Ware zu bekommen, d.h. Sie
können die Ware umtauschen.
Wenn es die nicht mehr gibt,
bekommen Sie Ihr Geld zurück.

a Überlegen Sie gemeinsam mit Ihrem Partner: Wann können Sie umtauschen,
wann können Sie nicht umtauschen? Markieren Sie mit + oder –.

1 Sie haben ein Kleid gekauft und
im Geschäft anprobiert. Aber
erst zu Hause merken Sie, dass
das Kleid zu eng ist.

2 Sie haben im Internet
Schuhe gekauft. Nach 10 Tagen
merken Sie, dass die Farbe der
Schuhe leicht verschieden ist.

3 Sie merken zu Hause, dass
der Reißverschluss an Ihrer
Anzughose kaputt ist.

4 Sie haben im Second-Hand-
Laden einen Pullover gekauft.
Ihre Freundin merkt zu Hause,
dass der Pullover ein Loch hat.

5 Sie haben für Ihren Freund
eine Krawatte gekauft. Die Krawatte gefällt Ihrem Freund nicht.

6 Nach einer Woche fallen an Ihrem
Jackett die Knöpfe ab. Sie haben
den Kassenzettel nicht mehr.

7 Sie haben eine Unterhose gekauft. Nach dem Anprobieren
zu Hause merken Sie, dass die
Größe falsch ist.

b Drucken Sie das Flussdiagramm auf unserer Internetseite aus
und setzen Sie die Sätze an den passenden Stellen ein.

**MEMO**

Tut mir leid. Ohne Kassenbon
können wir nicht umtauschen.

Wann haben Sie die
Hose denn gekauft?

Haben Sie noch
den Kassenbon?

Ich möchte mein Geld zurück.

Ja. Bitte hier.

Guten Tag. Warum
möchten Sie die Hose
denn umtauschen?

Die Hose ist zu klein.

Letzten Monat.

Tut mir leid. Aus diesem
Grund können wir die
Hose nicht umtauschen.

Nein, den habe ich
leider nicht mehr.

Die Hose gefällt
mir nicht mehr.

Der Reißverschluss ist kaputt.

Ich möchte eine neue Hose.

Möchten Sie eine neue
Hose oder möchten Sie
Ihr Geld zurück?

Letzte Woche.

Gestern.

Tut mir leid. Sie hätten früher
kommen müssen. Jetzt können wir
nicht mehr umtauschen.

## Kleidung umtauschen

**Umtauschwunsch äußern**
> Ich möchte … umtauschen.
> Ich möchte … reklamieren.

**Grund sagen**
> … hat ein Loch.
> … ist kaputt.
> … ist zu klein/groß.
> … hat einen Fehler.

**Fragen**
> Wann haben Sie … gekauft?
> Haben Sie noch den Kassen-
bon/Kassenzettel?
> Möchten Sie Ihr Geld zurück?
> Möchten Sie ein/eine neue …?

**Umtausch verweigern**
> Tut mir leid. … kann ich nicht
umtauschen.
> Eigentlich können wir … nicht
umtauschen. Aber ich kann
Ihnen einen Gutschein geben.
> Ohne Kassenbon können wir
nicht umtauschen.

c Sprechen Sie verschiedene Varianten mit Ihrem Partner.

d Variieren Sie den Dialog mit Sätzen aus der Memo-Box und sprechen
Sie ihn mit Ihrem Partner

■ Ich möchte die Schuhe reklamieren.

▲ Warum möchten Sie reklamieren?

■ Der linke Schuh hat einen Fehler: Er ist …

e Sprechen Sie die Variationen auf unserer Internetseite.

# Fachgeschäfte

## 7 Bäckerei, Metzgerei ...

a  Geschäfte und Waren: Welche Produkte kaufen Sie in welchen Geschäften?

l  e Bäckerei

2  e Buchhandlung

3  e Metzgerei

4  e Apotheke

5  r Optiker

6  r Schreibwarenladen

7  e Mode-Boutique

8  s Sportgeschäft

9  s Fischgeschäft

10  r Drogeriemarkt

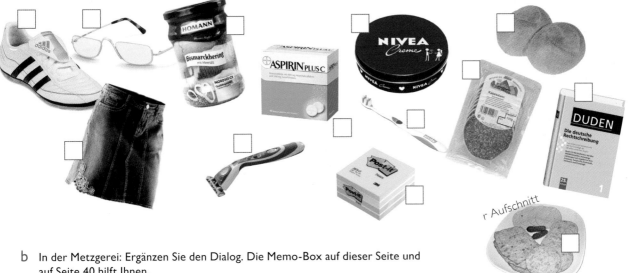

r Aufschnitt

b  In der Metzgerei: Ergänzen Sie den Dialog. Die Memo-Box auf dieser Seite und auf Seite 40 hilft Ihnen.

■  _____?

▲  Ich glaube, ich bin an der Reihe. _____ ein _____ Aufschnitt.

■  Wir haben für 98 Cent oder für I Euro 19.

▲  Für 98 Cent, bitte.

■  _____?

▲  _____ Käsesalami. _____?

■  Ja, die kostet heute nur 71 Cent für 100 _____.

▲  Dann nehme ich 200 _____. Und noch 100 _____ Bündner Fleisch.

■  _____? Es sind jetzt 110 _____.

▲  Das ist in Ordnung. Und geben Sie mir bitte noch 4 _____ gekochten Schinken.

■  _____?

▲  Ja, danke.

■  Bitte schön. Bezahlen Sie dann an der Kasse.

**MEMO**

### Verkäufer/in

> Wer ist der Nächste, bitte?
> Was darf es sein?
> Darf es auch etwas mehr sein?
> Noch etwas?
> War das alles? / Das war alles?

### Kunde/Kundin

> Bitte geben Sie mir ...
> Ich bekomme noch ...
> Haben Sie ...?
> Ist ... im Angebot?
> Das war alles.

c  Lesen Sie mit Ihrem Partner den Dialog laut.

## 8 In der Buchhandlung

a  Orientierung: In welcher Abteilung gibt es diese Bücher?

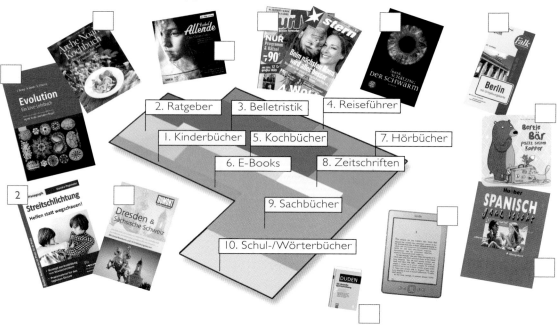

2. Ratgeber    3. Belletristik    4. Reiseführer

1. Kinderbücher    5. Kochbücher    7. Hörbücher

6. E-Books    8. Zeitschriften

9. Sachbücher

10. Schul-/Wörterbücher

b  Petro Gonzales sucht einen Reiseführer für Dresden. Hören Sie die Dialogteile auf unserer Internetseite und ordnen Sie die Teile in der richtigen Reihenfolge.

1 _____    2 _____    3 _____
4 _____    5 Audio 6 _____    6 _____
7 _____    8 _____    9 _____

**INFO**

**Bücher bestellen**

Wenn ein Buch in einer Buchhandlung nicht vorhanden ist, kann man es bestellen. Normalerweise kann man dann das Buch am nächsten Tag abholen. Es ist auch möglich, fast jedes fremdsprachige Buch zu bestellen. Das dauert aber wahrscheinlich etwas länger.

c  Übernehmen Sie jetzt die Rolle des Kunden: Sprechen Sie in die Lücken des Dialogs.

d  Bücher bestellen: Ergänzen Sie den Dialog.

■ Haben Sie das Buch *Die Heimkehr* von Bernhard Schlink?
▲ Moment, ich schaue mal im Computer nach. … Tut mir leid. Das ist momentan nicht da. Ich kann es aber gerne bestellen.
■ _____
▲ Bis morgen Mittag ist es da.
■ _____
▲ Das Buch gibt es als Taschenbuch oder als gebundene Ausgabe.
■ _____
▲ Das Taschenbuch 10 Euro 90, die gebundene Ausgabe 19 Euro 90.
■ _____
▲ Gerne. Dann brauche ich nur noch Ihren Namen und die Telefonnummer.
■ Mein Name ist …

# Übungen

## 9 Das haben Sie gelernt

**I** Wortschatz: Welche Produkte können Sie auf dem Bild erkennen? Schreiben Sie die Artikel und Namen der Produkte oder die Kategorien in die Tabelle.

| Kleidung: | |
|---|---|
| | e Trauben |
| Gemüse: | |
| Backwaren: | |
| | e Salami |
| Süßwaren: | |
| | Creme |
| Buchhandlung: | |
| | Brille |

**2** Lesen und beantworten Sie die Fragen.

a. Ich sage: „Ich nehme zwei Scheiben." Was kaufe ich?

b. Ich lege 50 Cent auf einen Teller. Wo bin ich?

c. Ich höre: „Darf es etwas mehr sein?" Wo bin ich?

d. Ich höre: „Bis morgen kann ich es bestellen." Wo bin ich?

e. Ich habe eine leere Flasche in der Hand. Was mache ich damit?

_____  _____  _____  _____  _____

**3** Was sagen Sie? Schreiben Sie jeweils eine Antwort oder eine Frage.

Am Obststand auf dem Markt:
■  Bitte?
▲ _____

In der Buchhandlung:
■  Leider ist das Buch nicht da.
▲ _____

In der Metzgerei:
▲ _____
▲  Darf es auch etwas mehr sein?

Im Kaufhaus:
■  Welche Größe haben Sie?
▲ _____

An der Kasse im Supermarkt:
▲ _____
■  Die kostet 10 Cent.

Im Supermarkt:
■ _____
▲  Ja, unter dem Schild „Elektro".

In der Modeboutique:
■  Ist der Rock kaputt?
▲ _____

■  Wann haben Sie ihn denn gekauft?
▲ _____

■  Haben Sie noch den Kassenbon?
▲ _____

■  Möchten Sie einen neuen Rock?
▲ _____

# Wörter und Wendungen
## 10 Wichtige Wörter von Einheit 4

Notieren Sie die Schlüsselwörter und übersetzen Sie in Ihre Sprache.

**Start**

> Im Zentrum einer Stadt finden Sie häufig immer die gleichen **Geschäfte**: einen **Supermarkt**, Fast-Food-Filialen, einen **Drogeriemarkt**, einen **Optiker,** Handy-Shops, eine **Apotheke** und oft ein großes **Kaufhaus**.

> Die großen Shoppingcenter, Möbelhäuser und **Baumärkte** sind meist vor der Stadt. Viele Leute fahren mit dem Auto dorthin.

**Im Supermarkt**

> Ein Supermarkt ist praktisch, weil man viele **Produkte** in einem Geschäft findet.

> Essen enthält oft **Zusatzstoffe**. Welche sie enthalten, kann man in der Beschreibung lesen.

> Weil **Einkaufstüten** die Umwelt belasten, sollte man eigene Taschen in den Supermarkt mitbringen.

> Für Flaschen aus Glas und Plastik muss man oft **Pfand** bezahlen. Wenn die Flaschen leer sind, kann man sie als **Leergut** zurückgeben. Häufig gibt es dafür spezielle Automaten: **Pfandautomaten**.

**Mengen und Qualität**

> In deutschen **Bäckereien** kauft man Brot meist als **Laib**. Zu Hause schneidet man es dann selbst.

> **Erdbeeren** und anderes **Obst** wird im Supermarkt häufig in **Schalen** zu 500 g verkauft.

> Die Qualität der **Lebensmittel** wird in Klassen angegeben. Klasse 1 ist die beste Qualität.

**Im Kaufhaus**

> Der **Reißverschluss** an meiner neuen Hose ist kaputt. Ich werde das **reklamieren** und die Hose **umtauschen**.

> Für sein Bewerbungsgespräch hat er eine neue **Anzughose** und ein neues **Jackett** gekauft, aber sein Jackett hat ein **Loch**; deshalb möchte er es umtauschen. Der **Kassenbon** ist aber weg. So ein Pech.

> Die **Zentralkasse** ist gleich neben der **Rolltreppe**.

> Den **Gutschein** können Sie auch im Drogeriemarkt **einlösen**.

**Fachgeschäfte**

> Die **Buchhandlung** hat auch englische Bücher.

> Vor der Reise lese ich gerne einen **Reiseführer**.

**Ihr Wörterbuch**
das Geschäft,-e (shop)_____

## Sie lernen ...

### Im Restaurant
- Speisekarten verstehen
- typische Gerichte aus den DACH-Ländern unterscheiden

### Typische Gerichte
- Zutaten für diese Gerichte verstehen
- Zubereitungsarten verstehen

### Einladungen
- Essenszeiten verstehen
- sich bei Einladungen korrekt verhalten

### Getränke
- Getränke auswählen
- Wiener Kaffeekultur verstehen

# Start

## 1 Kochen und Essen

a   Welche Bilder passen zu den Gerichten?

[ ]   **Maultaschen** werden aus einem Nudelteig gemacht, der mit Fleisch oder Gemüse gefüllt wird.

[ ]   **Rollmops** ist ein Hering, der in Essig und Salz eingelegt wurde. Er schmeckt sehr sauer.

[ ]   Eine Spezialität in Sachsen ist die **Eierschecke**. Das ist ein Kuchen aus Ei, Pudding oder Quark und Hefeteig. Häufig isst man dazu noch Schokoladensoße und Sahne.

[ ]   In Süddeutschland und in Österreich ist **Leberknödelsuppe** beliebt. Man findet diese Suppe dort oft auf der Speisekarte. Die Leberknödel werden aus Rinder- oder Schweineleber gemacht. Dazu isst man häufig Schwarzbrot.

[ ]   **Wildschweinbraten** gibt es nicht immer, denn im Frühjahr darf man Wildschweine nicht jagen. Wildschweinbraten passt gut zu Spätzle. Spätzle sind aus einem Teig mit Eiern.

[ ]   Eine **Bowle** ist ein Mixgetränk aus Saft, Wein und Sekt, in das Früchte eingelegt werden. Oft sind sie sehr bunt. Sie schmecken süß oder fruchtig. Man bekommt davon leicht einen Schwips.

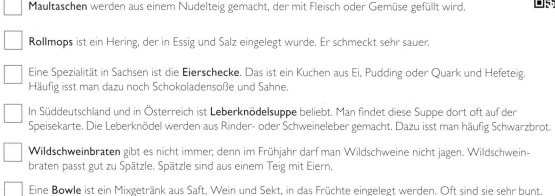

b   Gibt es in Ihrem Land ähnliche Gerichte? Sprechen Sie mit Ihrem Partner.

c   Erklären Sie im Kurs, welches Gericht in Ihrem Land berühmt ist. Welche Zutaten brauchen Sie dafür?

# Essen im Restaurant

## 2 Restaurant-Typen

a   Schreiben Sie die passenden Begriffe aus der Info-Box zu den Bildern.

b   In welche Art von Restaurant gehen die Leute?
Schreiben Sie die Sätze zu Ende.

1   Sergej trifft heute Abend seinen Freund. Sie möchten zusammen ein Bier
trinken gehen, aber sie möchten nichts essen.

Sie gehen _____

2   Herr Schäfer holt eine Gruppe chinesischer Geschäftspartner, mit der seine
Firma zusammenarbeitet, vom Flughafen ab. Am Abend geht er und seine
Chefin mit den Gästen essen.

Sie gehen _____

3   Frauke und ihre Freundin Fatima treffen sich am Nachmittag in der Stadt.
Zuerst wollen sie gemeinsam einkaufen. Danach möchten sie sich irgendwo
in Ruhe unterhalten und eine Kleinigkeit essen und trinken.

Sie gehen _____

4   Sven ist mit seinen Freunden nach der Schule Skateboard gefahren.
Jetzt haben sie Hunger.  Sie möchten eine Bratwurst essen und eine Cola
trinken.

Sie gehen _____

**INFO**

**Restaurants**
Sie haben eine große
Auswahl, wenn Sie nicht zu
Hause essen möchten.

**r Imbiss**
An einem Imbiss isst man
meistens im Stehen. Es gibt
dort kleinere Gerichte. Beliebt sind z. B. Döner, Pizza,
Würstchen.

**s Café**
In einem Café gibt es
Kuchen, Eis und Torten,
aber häufig auch kleinere
Gerichte. Essen müssen Sie
dort aber nicht. Sie können
nur etwas trinken, z. B. einen
Kaffee oder einen Tee.

**s Restaurant**
Im Süden sagt man statt
*Restaurant* häufig *Gaststätte,
Gasthaus* oder *Wirtschaft.*
Normalerweise wird er-
wartet, dass man in einem
Restaurant etwas isst, wenn
man sich an einen Tisch
setzt.

**e Kneipe**
Restaurants, in denen man
nicht unbedingt etwas essen
muss, werden häufig als
*Kneipe* bezeichnet. In einer
Kneipe trifft man sich und
trinkt etwas, meistens etwas
Alkoholisches.

In allen Restaurants ist
es verboten zu rauchen.
Deshalb stehen viele Leute
auf der Straße und rauchen
dort. Manchmal gibt es auch
spezielle Raucherrestau-
rants. Dort darf man auch
innen rauchen.

# 3 Speisekarten verstehen

a Markieren Sie die Schlüsselwörter bei den Gerichten wie in den Beispielen.

**Großer gemischter Salat** 7,80 €
Blattsalate mit Sonnenblumen-
kernen und leichtem Dressing

**Kalter Leberkäse** 6,20 €
mit Meerrettich, Essiggurke, bunten
Zwiebeln, dazu 1 Scheibe Brot

**Zarte Lammlendchen** 12,50 €
mit Blattspinat und hausgemachten
Spätzle

**Gemischtes Eis** 4,00 €
mit Sahne und Früchten

**Jägerschnitzel** 13,80 €
mit Bratkartoffeln, Pilzen und Salat

**Wurstsalat bayerisch** 6,20 €
mit Zwiebeln, Essiggurke und
1 Scheibe Brot

**Chicken-wings „Donald"** 4,60 €
mit Salat und Pommes frites

**Ochsenbrust** 10,80 €
mit Rahmspinat und Kroketten

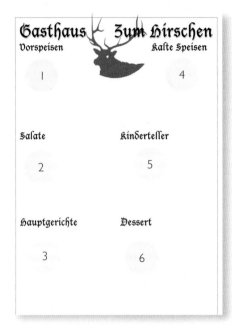

**Riesenchampignons** 8,50 €
mit Rahmspinat gefüllt und Käse
überbacken, dazu frischer Salat

**Cäsar-Salat** 11,80 €
Römersalatherzen mit Cäsars
Dressing, gebratene Hähnchenbrust
und Parmesankäse

**Schweizer Käseplatte** 4,90 €
3 Käsesorten mit Kräutern und Brot

**Putenschnitzel „Mickey"** 4,30 €
mit Pommes

**Gulaschsuppe** 2,90 €
mit 1 Scheibe Brot

**Schweineleber sauer** 8,60 €
mit Röstkartoffeln und gemischtem Salat

**Knoblauch-Baguette** 3,00 €
ofenfrisch

**Apfelstrudel, ofenwarm** 4,50€
mit hausgemachter Vanillesoße

**MEMO**

### Wortfeld *Essen*

s **Essen** – zubereitete Lebensmittel; z.B.: das Mittagessen

e **Speise** – zubereitetes Essen
als besonderes Gericht; z.B.:
die Speisekarte

e **Lebensmittel** – Essen und
Getränke, die man täglich
zum Leben braucht; z.B.:
frische Lebensmittel

s **Gericht** – eine komplette
Speise, die zum Essen bereit
ist; z.B. (auf der Speisekarte
das besondere Essen für diesen Tag) das Tagesgericht

e **Mahlzeit** – Essen, das man
regelmäßig zu sich nimmt;
z.B.: eine gemeinsame
Mahlzeit

b Ordnen Sie jetzt die Gerichte der Speisekarte zu. Schreiben Sie
die korrekte Nummer neben das Gericht.

c Hören Sie das Audio auf unserer Internetseite. Was bestellen die Leute?

d Ergänzen Sie die Sätze mit den Artikeln und den Stichwörtern aus der
Memo-Box.

1 Welches _____ können Sie mir heute empfehlen?

2 Eine schwere _____ am Mittag macht müde.

3 Die Kosten für Miete, Heizung und _____ sind schon
wieder gestiegen!

4 Bitte bringen Sie mir _____ _____karte.

5 Komm bitte! _____ _____ ist fertig.

# Beliebte Gerichte

## 4 Kulturgehtdurchden Magen: Essen in DACH

a Beschriften Sie die Gerichte mit den Speisen unten.

r Schweinebraten

s Putenschnitzel

**MEMO**

### Beliebte Gerichte in DACH

Diese Gerichte finden Sie auf den meisten Speisekarten.

> Bratwurst, Frankfurter oder Wiener Würstchen (Wurst aus Schweinefleisch)

> Fondue oder Raclette (geschmolzener Käse)

> Gulaschsuppe (Suppe mit Rindfleisch)

> Kaiserschmarren (süßes Dessert aus Mehl, Eiern u.a.)

> Kartoffelsalat (gekochte, klein geschnittene Kartoffeln in einer Salatsauce)

> Klöße oder Knödel (kugelförmige, gekochte Speise aus Kartoffelmehl)

> Roulade (geschmorte, gerollte Rindfleischscheiben)

> Rösti (sehr kleine, gebratene Kartoffelstücke)

> Schnitzel (gebratenes Schweinefleisch)

> Schweinebraten (geschmortes Schweinefleisch)

> Spätzle (Speise aus Eierteig)

> Tafelspitz (gekochtes Rindfleisch)

> Wiener Schnitzel (Kalbfleisch)

e Pommes frites – e Spätzle – s Fondue – e Gulaschsuppe – s Gemüse – e Nudeln –
r Kartoffelsalat – r Kaiserschmarren – e Roulade – r Tafelspitz – s Schnitzel – r Schweinebraten –
r Kartoffelbrei – r Rinderbraten – s Rösti – e Klöße – s Rotkraut – e Bratwurst – s Putenschnitzel

b Ordnen Sie die Gerichte jetzt in die Tabelle ein. Benutzen Sie ein Extrablatt.

| Fleisch | Geflügel | Suppe | Beilage | Dessert |
|---|---|---|---|---|
| e Bratwurst | | | e Pommes frites | |

# Essen zubereiten

## 5 Einkaufen für das Wochenende

a   Lesen Sie die Rezepte und schreiben Sie einen Einkaufszettel.

### Deutsche Rinderrouladen

Die Rouladen salzen und pfeffern. Dann mit Senf bestreichen. Auf den Senf den Speck legen. Danach die Zwiebelscheiben und die in Scheiben geschnittenen Gurken auf den Rouladen verteilen. Jetzt müssen die Rouladen gerollt werden. Damit sie nicht auseinanderfallen, sollten die Rouladen mit Zahnstochern oder Spießen fixiert werden. Die Rouladen dann in heißem Fett von allen Seiten kräftig anbraten. Anschließend 250 ml Rinderbrühe und etwas Rotwein in den Topf geben und die Rouladen bei geschlossenem Deckel und kleiner Hitze ca. 45 Minuten schmoren lassen. Zwischendurch immer etwas Flüssigkeit hinzugeben. Zum Schluss die Rouladen herausnehmen und die restliche Brühe mit 1 EL Creme fraiche etwas eindicken.

### Schweizer Rösti

Zuerst 2 Kartoffeln raspeln und aus der Masse das restliche Wasser herauspressen. Die Kartoffelmasse dann mit 1 Esslöffel Speisestärke vermischen und salzen. Das Öl in einer Pfanne erhitzen und dann jeweils einen Löffel der Kartoffelmasse hineinsetzen. Den kleinen Berg flach drücken und von beiden Seiten goldbraun braten.

### Österreichischer Kaiserschmarren

125 ml Milch, 2 Eidotter, 1 TL Vanillezucker und 60 g Mehl verrühren. Danach das Eiweiß, 1 EL Zucker und eine Prise Salz mit einem Quirl verrühren, bis alles fest wird. Diese Masse dann unter den Teig heben. 25 g Butter in einer Pfanne erhitzen. Die Masse in die Pfanne geben, mit 25 g Rosinen bestreuen und kurz braten. Anschließend in einer Form im Ofen bei 200°C für 8-10 Min. backen. Der Teig wird danach mit zwei Gabeln in kleinere Stücke gerissen. Mit etwas Zucker bestreuen und nochmals für ca. 5 Minuten in den Ofen geben. Zum Schluss mit Staubzucker bestreuen.

---

**MEMO**

### Wortfeld
*Essen zubereiten*

❯ **kochen**: in einem Topf mit heißem Wasser

❯ **braten**: in einer Pfanne mit Fett

❯ **backen**: in einem Ofen mit großer Hitze

❯ **frittieren**: in heißem Fett in einem Topf

❯ **dünsten, dämpfen**: im Wasserdampf

❯ **grillen**: auf einem offenen Feuer auf einem Metallrost

❯ **schmoren**: nach dem Anbraten mit Flüssigkeit (z. B. Wasser oder Wein) langsam gar werden lassen

Viele Rezepte mit Bildern und Erklärungen gibt es bei Rezeptewiki.org.

---

**Bitte einkaufen!**

| Rinderrouladen: | Rösti: | Kaiserschmarren: |
|---|---|---|
| • Rouladen | | |
| • Salz und Pfeffer | | |
| • Senf | | |
| ... | | |

---

**INFO**

### Mengenangaben

❯ TL = Teelöffel

❯ EL = Esslöffel

❯ Prise = etwas, ein wenig

❯ ml = Milliliter

❯ g = Gramm

---

b   Woraus werden diese Lebensmittel hergestellt? Welches Lebensmittel passt noch dazu? Ergänzen Sie die Grafiken.

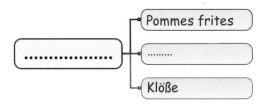

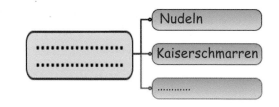

## 6 Essen im Tagesablauf

### Essenszeiten

In der Regel essen die Menschen in Deutschland, Österreich und der Schweiz dreimal am Tag: Frühstück, Mittagessen und Abendessen. Selbstverständlich sind die Essenszeiten von der Arbeit oder der Schule abhängig. Dennoch gibt es einen Trend, an den sich die meisten halten.

Frühstück: vor der Fahrt zur Arbeit, etwa zwischen 6 und 9 Uhr.
Mittagessen: zwischen 12 und 14 Uhr.
Abendessen: zwischen 18 und 20 Uhr.
Viele essen noch ein zweites Frühstück an der Arbeitsstelle. Häufig trinkt man zwischen 15 und 16 Uhr eine Tasse Kaffee und isst ein Stück Kuchen. Wenn Sie von jemandem zum *Kaffee* eingeladen werden, bedeutet es, dass Sie um ca. 15 Uhr kommen sollen. Sie sollten sich dann um ca. 17 Uhr wieder verabschieden.

a Stellen Sie das Essen für die zwei Personen zusammen. Begründen Sie Ihre Entscheidung.

| Carola Förster, 35, arbeitslos | Maximilian Frisch, 43, Angestellter |
|---|---|
| Sie frühstückt gemütlich zusammen mit ihrem Freund um 8.30 Uhr. Ihr Freund ist freier Grafiker und arbeitet zu Hause. <br><br> Nach dem Frühstück geht Carola zur Arbeitsagentur. Um 12 Uhr kommt sie zurück und kocht. Zusammen essen sie dann zu Mittag. Am Abend essen sie nur wenig, denn sie möchten noch ins Fitness-Studio gehen. | Heute ist er von 7.30 Uhr bis 17 Uhr im Büro. Am frühen Morgen ist er nicht sehr hungrig, aber gegen 9 Uhr bekommt er großen Hunger. Als zweites Frühstück isst er dann etwas, das er von zu Hause mitgebracht hat. Mittags geht er mit den Kollegen in der Kantine essen. Abends isst er mit seiner Frau und den Kindern zusammen. Meistens essen sie kalt. |

Brötchen mit Marmelade, Müsli mit Obst, schwarzer Tee

Brot mit Käse und Schinken, Gurken und Tomaten, Fleischsalat

eine Tasse Kaffee

Spaghetti mit Tomatensoße, Salat

Joghurt mit Früchten, eine Scheibe Brot mit Käse

Schnitzel mit Pommes frites und Salat, Vanillepudding

zwei Scheiben Brot mit Wurst, eine Banane

### Pünktlichkeit

Bei Einladungen sollte man in der Regel pünktlich sein. Pünktlich bedeutet in Deutschland, Österreich oder der Schweiz auch, dass man nicht zu früh kommt.

Wenn man eine Einladung zum Abendessen um 19 Uhr bekommen hat, sollte man spätestens um 19.15 Uhr da sein. Normalerweise hat die Familie Essen vorbereitet. Wenn der Gast nicht pünktlich kommt, muss man es warm halten. Dann schmeckt es aber vielleicht nicht mehr so gut. Wenn der Gast zu früh kommt, ist die Familie noch mit den Vorbereitungen beschäftigt. Das kann dann manchmal peinlich sein.

Rufen Sie an, wenn Sie zu spät kommen. Sagen Sie dann auch den Grund für Ihre Verspätung.

Als Gastgeschenk sind Blumen, eine Flasche Wein, Süßigkeiten oder ein Souvenir aus Ihrer Heimat geeignet.

| Wer | Wann | | Was |
|---|---|---|---|
| Carola | Frühstück ..... | ..... | |
| Maximilian | | | |

b Hören Sie die Dialoge. Welche Missverständnisse gibt es? Schreiben Sie die Sätze zu Ende.

> Der Gast hätte besser nicht _____

> Der Gast sollte besser _____

> Der Gastgeber hätte besser nicht_____

> Der Gastgeber sollte besser _____

c Aus welchem Land kommt der Gast?

d Welche Regeln gibt es bei Ihnen für Gastgeschenke und Pünktlichkeit?

# Getränke

## 7 Das richtige Getränk

a Welches Getränk passt zu welchem Essen? Lesen Sie die Texte und schreiben Sie das passende Getränk zu den Gerichten.

**Weißwein** trinkt man traditionell zu Fischgerichten oder anderen Meeresfrüchten wie Muscheln, Garnelen oder Krebsen. Weißwein passt aber auch sehr gut zu hellem Fleisch, also Geflügel, und zu Nudelgerichten mit hellen Soßen.

**Rotwein** und Rind- oder Schweinefleisch sowie Wildgerichte sind ein gutes Team. Der Geschmack des Rotweins und der Geschmack des Fleisches ergänzen sich. Nicht vergessen, dass man den Rotwein nie aus dem Kühlschrank serviert.

**Bier** passt zu kräftigen Speisen: Zu Eisbein, Schweinshaxe oder Kalbshaxe trinkt man am besten ein Bier.

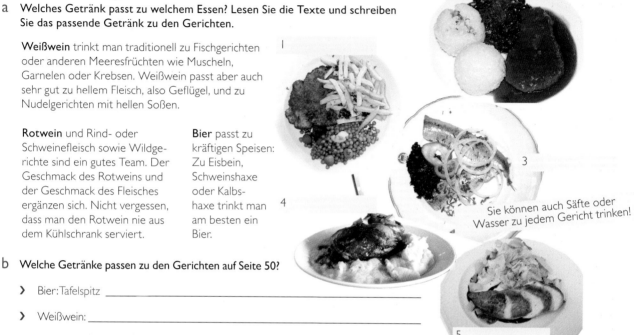

Sie können auch Säfte oder Wasser zu jedem Gericht trinken!

b Welche Getränke passen zu den Gerichten auf Seite 50?

> Bier: Tafelspitz _____

> Weißwein: _____

> Rotwein: Tafelspitz _____

> Kaffee/Tee: _____

c Lesen Sie den Rat des Arztes. Welches Mineralwasser passt am besten zu Ihnen?

### Der Arzt rät

- Trinken Sie jeden Tag 2 Liter Wasser. Wasser hat keine Kalorien!

- Haben Sie Bluthochdruck (Hypertonie)? Achten Sie darauf, dass das Wasser nicht zu viel Salz (Na) enthält!

- Calcium (Ca) ist gut für Ihre Knochen und Zähne.

- Machen Sie Sport? Dann sollten Sie ein Wasser mit viel Magnesium (Mg) trinken. Das ist gut für die Muskeln und Nerven.

| Apollinaris | | Wittenseer Quelle | |
|---|---|---|---|
| Natrium (Na) | 470 mg/l | Natrium (Na) | 10,2 mg/l |
| Kalium (K) | 30 mg/l | Kalium (K) | 1,3 mg/l |
| Magnesium (Mg) | 120 mg/l | Magnesium (Mg) | 6,0 mg/l |
| Calcium (Ca) | 90 mg/l | Calcium (Ca) | 90,8 mg/l |

| Peterquelle | | Eden | |
|---|---|---|---|
| Natrium (Na) | 532 mg/l | Natrium (Na) | 4,1 mg/l |
| Kalium (K) | 14,3 mg/l | Kalium (K) | 0,7 mg/l |
| Magnesium (Mg) | 39 mg/l | Magnesium (Mg) | 3,1 mg/l |
| Calcium (Ca) | 159 mg/l | Calcium (Ca) | 35,5 mg/l |

**INFO**

### Wasser

Meistens kauft man eine ganze Kiste mit 12 Flaschen, das sind ca. 9 Liter.

Es gibt sehr viele verschiedene Sorten von Wasser. Die besten Produkte tragen die Bezeichnung *Natürliches Mineral-* oder *Heilwasser.* Alle Mineralwässer haben einen anderen Geschmack, denn sie enthalten sehr verschiedene Mineralien. Viele Leute achten genau darauf, welche Mineralien sich in dem Wasser befinden. Wenn auf der Flasche *Tafelwasser* steht, dann handelt es sich um eine mindere Qualität. Alle Mineralwässer werden streng kontrolliert.

# 8 Kaffeehäuser

**a** Wiener Kaffeespezialitäten: Wählen Sie zwei Kaffeespezialitäten und „kochen" Sie zwei verschiedene Kaffees wie im Beispiel.

Kaffee verkehrt
geschäumte Milch
Kaffee
Milch

**MEMO**

## Die Kaffees der Wiener Kaffeehäuser

Wien ist berühmt für seine Cafés. Man sagt in Wien jedoch nicht Café, sondern *Kaffeehaus*. Dort gibt es viele Kaffeespezialitäten. Hier ist eine Auswahl:

> Überstürzter Neumann
> Kleiner Brauner
> Melange
> Kaffee verkehrt
> Einspänner
> Fiaker

Man muss genau sagen, welche Art von Kaffee man haben möchte. Die Kellner in den Wiener Kaffeehäusern nennt man *Ober*. Wenn Sie also einen Kaffee und einen Kuchen bestellen möchten, rufen Sie zum Beispiel: „Herr Ober, bitte einen kleinen Braunen und eine Linzer Torte mit Schlagobers."

**Überstürzter Neumann:** unten Schlagobers + darüber wird Kaffee gegossen (in der Tasse)

**Kaffee verkehrt:** 2/3 Milch + 1/3 Kaffee + oben geschäumte Milch (im Glas)

**Kleiner Brauner:** einfacher Kaffee + Schlagobers (in der Tasse)

**Fiaker:** großer Mokka + viel Zucker + 2cl Rum (im Glas)

**Einspänner:** kleiner Mokka + Schlagobers (im Glas)

**Melange:** gleiche Teile Kaffee und Milch + oben geschäumte Milch (in der Tasse)

**Österreichisch – Deutsch**
*r Schlagobers* = e Schlagsahne

**b** Das Kaffeehaus-Quiz: Lesen Sie die folgenden Sätze. Welche sind wahr? Markieren Sie die wahren Aussagen.

☐ Die Wiener Kaffeehauskultur ist UNESCO Weltkulturerbe.
☐ In Wien gibt es mehr als 2000 Kaffeehäuser.
☐ Man bekommt in einem Kaffeehaus immer ein Glas Wasser zum Kaffee.
☐ In den Kaffeehäusern gibt es nur Kaffee. Andere Getränke oder Speisen gibt es nicht.
☐ Wolfgang Amadeus Mozart spielte gerne Billard im Kaffeehaus.
☐ Die ersten Wiener Kaffeehäuser wurden schon im 17. Jahrhundert eröffnet.

# Übungen

## 9 Das haben Sie gelernt

I   Ergänzen Sie den Text mit den Wörtern *Gericht, Essen, Lebensmittel, Speise.*

- ◼   Als Haupt_____ nehme ich das Wiener Schnitzel mit Pommes frites und Salat.
- ▲   Möchten Sie auch eine Vor_____?
- ◼   Nein, danke.

- ▲   Sei bitte um 6 wieder zurück. Du weißt, dann ist _____szeit.

- ▲   Der Kühlschrank ist kaputt! Hoffentlich verderben jetzt nicht alle _____.

2   Welche Wörter passen zu den Erklärungen? Schreiben Sie die Wörter in die Kästchen.

1   Daraus werden Pommes frites gemacht.
2   Ein Teil vom Ei.
3   Anbraten und in Wasser langsam
   gar werden lassen.
4   Ein beliebtes Gericht in der Schweiz.
5   Das Getränk passt gut zu Fleisch.
6   So sagt man in Österreich zu *Kellner.*
7   In der Pfanne mit Fett zubereiten.
8   So sagt man in Österreich zu *Schlagsahne.*
9   Mit Fleisch oder Gemüse gefüllter Teig.
10   Eine Art Teigspeise.
11   Etwas im Mineralwasser, das gut für die Knochen ist.
12   Kugelförmige Speise aus Kartoffelmehl.
13   TL

Lösungswort

3   Wie werden die Speisen zubereitet?
Verwenden Sie die Verben aus der Mitte und notieren
Sie die Zubereitungsarten wie im Beispiel.

Kaffee
Schnitzel
Kuchen
Salat
Wasser
schmoren
braten
backen   braten
Bratwurst
grillen
Fisch
frittieren   grillen
Pommes frites
Nudeln
kochen   dünsten
Spätzle
Rouladen
Kaiserschmarren

# Wörter und Wendungen
## 10 Wichtige Wörter von Einheit 5

Notieren Sie die Schlüsselwörter und übersetzen Sie in Ihre Sprache.

Start

Ihr Wörterbuch

> Das **Gericht** ist die Spezialität dieses Restaurants.

s Gericht, -e (dish) _____

> Der **Teig** wird aus **Quark** und Eiern gemacht.

_____

> Der **Hefe**teig für Pizza darf nicht zu dick sein.

_____

> In Süddeutschland ist **Leberknödel**suppe sehr beliebt.

_____

> Zu **Wildschweinbraten** passen **Spätzle** sehr gut.

_____

> **Sekt** ist ein häufiger Bestandteil von **Bowle**.

_____

> Man **bekommt** davon leicht **einen Schwips**.

_____

Essen im Restaurant

> Wiener **Würstchen** gibt es fast an jedem **Imbiss**.

_____

> Ich nehme einen **Leberkäs** mit Brot.

_____

> Herr Schäfer geht mit den chinesischen **Geschäftspartnern** essen.

_____

Beliebte Gerichte

> Kann ich bitte die **Speisekarte** haben?

_____

> Gibt es den **Schweinebraten** auch mit **Klößen**?

_____

> Welche **Beilage** kommt mit dem Schnitzel?

_____

Essen zubereiten

> Die Rouladen müssen Sie zuerst **salzen** und **pfeffern**.

_____

> Ich esse das Käsebrot immer mit **Senf**.

_____

> Zum Frühstück schon Eier mit **Speck**? Das sind mir zu viele Kalorien.

_____

> Die Rouladen müssen mit **Zahnstochern** fixiert werden. Sonst **fallen** sie **auseinander**.

_____

> Für die Soße brauchen Sie 100 ml **Rinderbrühe**.

_____

> Die Kartoffeln müssen sie **raspeln**.

_____

Essen im Tagesablauf

> Viele Menschen frühstücken an ihrer **Arbeitsstelle**.

_____

> Ich esse **Müsli** zum Frühstück.

_____

> **Pünktlichkeit** bedeutet, dass man nicht zu früh und auch nicht zu spät kommt.

_____

Getränke

> Weißwein passt gut zu **Meeresfrüchten**.

_____

> Bei **Bluthochdruck** sollten Sie Mineralwasser mit nicht so viel Salz trinken.

_____

> Bitte keine **Sahne** zum Kuchen. Ich mache Diät.

_____

> **Mokka** ist ein sehr starker Kaffee.

_____

> Auf einem Cappuccino gibt es **geschäumte** Milch.

_____

# WOHNEN 6

## Sie lernen ...

### Eine Wohnung mieten

- Wohnungsanzeigen verstehen
- eine Wohnungsanzeige schreiben
- den Mietvertrag verstehen
- Nebenkosten verstehen
- Hausordnung verstehen

### Umzug

- ein Anmeldeformular ausfüllen

### Wohnkultur

- Möbel benennen
- eine Anzeige für eine WG verstehen

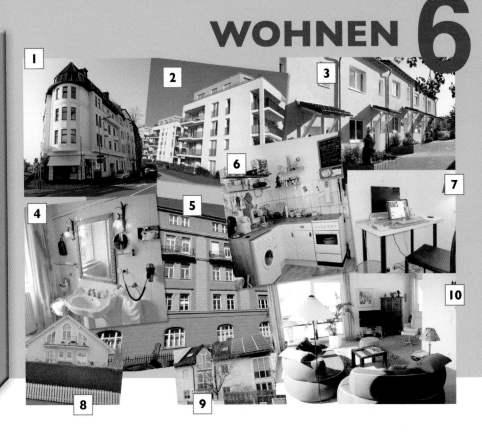

# Start

## 1 Häuser und Wohnungen

a Welche Hausformen passen zu den Bildern? Schreiben Sie die passenden Nummern zu den Begriffen.

| | | |
|---|---|---|
| ☐ Mietshaus | ☐ Reihenhaus | ☐ Haus mit Eigentumswohnungen |
| ☐ Einfamilienhaus | ☐ renovierter Altbau | ☐ Mehrfamilienhaus mit Solaranlage |

b Welche der folgenden Gegenstände sehen Sie auf den Bildern mit Bad, Küche und Wohn- und Arbeitszimmer? Markieren Sie.

| | | | |
|---|---|---|---|
| ☐ Waschmaschine | ☐ Föhn | ☐ Spiegel | ☐ Stehlampe |
| ☐ Bild | ☐ Drucker | ☐ Sofa | ☐ Hocker |
| ☐ Spülmaschine | ☐ Toaster | ☐ Waschbecken | ☐ Fernseher |
| ☐ Radio | ☐ Pflanze | ☐ Couchtisch | ☐ Esstisch |
| ☐ Handtuch | ☐ Zahnbürste | ☐ Zeitschrift | ☐ Topf |
| ☐ Bademantel | ☐ Pfanne | ☐ Computer | ☐ Schreibtisch |
| ☐ Stuhl | ☐ Zahnpastatube | ☐ Teppich | ☐ Kissen |

c Wie wohnen Sie in Ihrem Heimatland? Erzählen Sie im Kurs.

# Eine Wohnung mieten

## 2 Eine Wohnung suchen

a Welche Anzeigen sind von Vermietern, welche sind von Wohnungssuchenden? Schreiben Sie in die passenden gelben Kästchen.

b Abkürzungen verstehen: Auf dem gelben Notizzettel rechts gibt es die Auflösung für die wichtigsten Abkürzungen. Notieren Sie das passende Wort zu den Abkürzungen in der Anzeige.

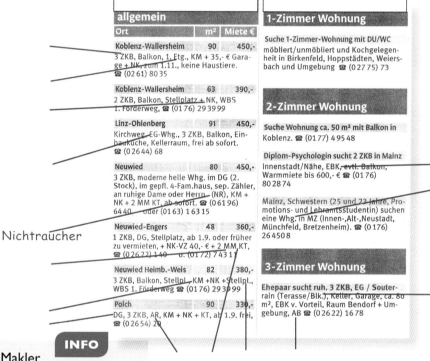

Nichtraucher

| allgemein | | |
|---|---|---|
| Ort | m² | Miete € |
| Koblenz-Wallersheim | 90 | 450,- |
| 3 ZKB, Balkon, 1. Etg., KM + 35,- € Garage + NK, zum 1.11., keine Haustiere. ☎ (02 61) 80 35 | | |
| Koblenz-Wallersheim | 63 | 390,- |
| 2 ZKB, Balkon, Stellplatz + NK, WBS 1. Förderweg ☎ (0176) 29 39 99 | | |
| Linz-Ohlenberg | 91 | 450,- |
| Kirchweg, EG-Whg., 3 ZKB, Balkon, Einbauküche, Kellerraum, frei ab sofort. ☎ (0 26 44) 68 | | |
| Neuwied | 80 | 450,- |
| 3 ZKB, moderne helle Whg. im DG (2. Stock), im gepfl. 4-Fam.haus, sep. Zähler, an ruhige Dame oder Herrn (NR), KM + NK + 2 MM KT, ab sofort. ☎ (0 61 96) 64 40 oder (0163) 1 63 15 | | |
| Neuwied-Engers | 48 | 360,- |
| 1 ZKB, DG, Stellplatz, ab 1.9. oder früher zu vermieten, + NK-VZ 40,- € + 2 MM KT, ☎ (0 26 22) 1 40 o. (0172) 7 43 11 | | |
| Neuwied Heimb.-Weis | 82 | 380,- |
| 3 ZKB, Balkon, Stellpl., KM +NK +Stellpl., WBS 1. Förderweg ☎ (0176) 29 39 99 | | |
| Polch | 90 | 330,- |
| DG, 3 ZKB, AR, KM + NK + KT, ab 1.9. frei, ☎ (0 26 54) 29 | | |

| 1-Zimmer Wohnung |
|---|
| Suche 1-Zimmer-Wohnung mit DU/WC möbliert/unmöbliert und Kochgelegenheit in Birkenfeld, Hoppstädten, Weiersbach und Umgebung ☎ (0 27 75) 73 |

| 2-Zimmer Wohnung |
|---|
| Suche Wohnung ca. 50 m² mit Balkon in Koblenz. ☎ (0177) 4 95 48 |
| Diplom-Psychologin sucht 2 ZKB in Mainz Innenstadt/Nähe, EBK, evtl. Balkon, Warmmiete bis 600,- € ☎ (0176) 80 28 74 |
| Mainz, Schwestern (25 und 23 Jahre, Promotions- und Lehramtsstudentin) suchen eine Whg. in MZ (Innen-,Alt-,Neustadt, Münchfeld, Bretzenheim). ☎ (0176) 26 45 08 |

| 3-Zimmer Wohnung |
|---|
| Ehepaar sucht ruh. 3 ZKB, EG / Souterrain (Terasse/Blk.), Keller, Garage, ca. 80 m², EBK v. Vorteil, Raum Bendorf + Umgebung, AB ☎ (0 26 22) 16 78 |

- ▸ Abstellraum
- ▸ Anrufbeantworter
- ▸ Balkon
- ▸ Dachgeschoss
- ▸ Einbauküche
- ▸ Erdgeschoss
- ▸ Etage
- ▸ Kaltmiete
- ▸ Kaution
- ▸ Monatsmiete
- ▸ Nebenkosten
- ▸ Nichtraucher
- ▸ Stellplatz
- ▸ Wohnung
- ▸ Zimmer, Küche, Bad

c Welche Eigenschaften muss eine Wohnung haben, die Ihnen gefällt? Schreiben Sie eine Wohnungsanzeige.

_____

_____

_____

d Welche Wohnung würde Ihnen gefallen?

# 3 **Mietvertrag und Nebenkosten**

a Für welche Wohnung ist dieser Mietvertrag?
Markieren Sie die passende Wohnung in den
Wohnungsanzeigen von Seite 58.

b Ergänzen Sie den Mietvertrag mit den Informationen
aus der Anzeige und mit Ihren Namen.

**INFO**

## Warm-/Kaltmiete

> **Kaltmiete (KM)**: Die Miete,
die man dem Vermieter
bezahlen muss.

> **Warmmiete (WM)**: Die
Miete und die Nebenkos-
ten (NK). Dazu gehören:
Müllabfuhr, Wasser, Heizung,
Kosten für den Hausmeister
u.a. Die Nebenkosten richten
sich nach dem Verbrauch.
Das Geld bekommt nicht
der Vermieter, sondern die
Stadtwerke usw.

c Markieren Sie in der Nebenkostenabrechnung,
welche Leistungen zu den NK gehören. Achtung:
Eine Leistung auf der Liste gehört nicht dazu.
Welche?

d Warmmiete: Wie hoch ist die Warmmiete pro Monat
für die Wohnung?

> KM 450 € + NK _____€ = WM _____€

### Nebenkostenabrechnung für 2013
für die Wohnung 4 im Lerchenweg 3, 56564 Neuwied

| Leistung | Ausgaben EUR | Ihr Anteil | Betrag EUR |
|---|---|---|---|
| Reinigung des Treppenhauses | 380,00 | 63m² | 57,00 |
| Strom für Gemeinschaftsräume | 353,42 | 63m² | 53,01 |
| Wasser | 1647,25 | 63m² | 147,08 |
| Telefon | 237,65 | 63m² | 35,65 |
| Heizung | 2801,60 | 63m² | 420,24 |
| Müll | 750,00 | 1 Person | 153,00 |
| | | Gesamtsumme | 865,98 |
| | | Vorauszahlungen | 840,00 |
| | | **noch ausstehender Betrag** | **25,98** |

---

### Wohnungs-Mietvertrag

Der (Die) Vermieter  Axel Zobel und Alexandra Zobel

wohnhaft in  Mainzerstraße 100, 56068 Koblenz
und der (die) Mieter

schließen folgenden Mietvertrag:

**§ 1 Mieträume**

1. Im Hause  Lerchenweg 3, 56564 Neuwied
(Ort, Straße, Haus-Nr., Etage)
werden folgende Räume vermietet:
_____ Zimmer, _____ Küche/~~Kochnische~~, _____ Bad/Dusche/WC, _____ ~~Bodenräume~~ /
~~Speicher Nr.~~ _____ , _____ Kellerräume Nr. 4_____
1 ~~Garage~~ / Stellplatz, ~~Garten~~, _____ ~~gewerblich genutzte Räume~~

2. Der Mieter ist berechtigt, Waschküche, Trockenboden / Trockenplatz, _____ gemäß
der Hausordnung mitzubenutzen.

3. Dem Mieter werden vom Vermieter für die Mietzeit ausgehändigt:
2 Haus-, 2 Wohnungs-, 5 Zimmer-, _____ Boden-/Speicher-, _____ Garagen-
Schlüssel.

4. Die Wohnfläche beträgt 80 qm.
5. Die Wohnung ist eine Eigentumswohnung. ☒ ja ☐ nein

**§ 2 Mietzeit**

Das Mietverhältnis beginnt am: _____, es läuft auf unbestimmte Zeit.
Die Vertragspartner streben ein längerfristiges Mietverhältnis an, deshalb sind Eigenbedarfs- und
Verwertungskündigungen des Vermieters für 2 Jahr(e) ausgeschlossen.
Die Kündigungsvoraussetzungen richten sich nach den gesetzlichen Vorschriften und den
vertraglichen Absprachen (siehe §§ 8, 17 bis 22 dieses Mietvertrages.)

**§ 3 Miete**

1. Die Miete beträgt monatlich: _____ Euro.
in Worten: _____ Euro.
Die Vertragsparteien vereinbaren, dass die Miete für den Zeitraum von 2 Jahren nicht –
erhöht wird.

_____, den _____

_____ Vermieter          _____ Mieter

e Welche Kosten für
die Wohnung sind
noch nicht in den NK
enthalten und müssen
extra bezahlt werden?

_____

_____

**INFO**

## Kaution

Häufig muss man eine Kaution
bezahlen, wenn man eine Wohnung mietet. Diese Kaution wird
meist auf ein besonderes Konto
überwiesen. Sie darf nicht mehr
als 3 Kaltmieten betragen.

Beim Auszug bekommt man das
Geld zurück. Wenn etwas in
der Wohnung kaputt ist, kann
der Vermieter von der Kaution
die Reparatur bezahlen, sonst
muss er das Geld vollständig
zurückzahlen.

# 4 Hausordnung

a Erlaubt und verboten: Ordnen Sie die Regeln den Kategorien zu.

| 1 Lärm, Feste | 2 Kinder | 3 Sicherheit |

| 4 Winterdienst | 5 Fahrzeuge | 6 Reinigung |

**INFO**

## Hausordnung

Wenn mehrere Familien in einem Haus zusammenleben, kommt es manchmal zu Konflikten: Die einen möchten eine Party feiern, die anderen möchten früh schlafen gehen, weil sie am nächsten Tag arbeiten müssen. Damit es nicht zum Streit kommt, gibt es eine *Hausordnung*. Dort steht, was man darf und was man nicht darf. Eine Hausordnung gehört zu jedem Mietvertrag.

☐ Die Haustüren und Kellertüren müssen in der Zeit von 22.00 bis 6.00 Uhr ständig abgeschlossen werden.

☐ Kinder dürfen im Garten spielen.

☐ Fahrräder dürfen nicht im Treppenhaus abgestellt werden.

☐ Kinder dürfen nicht im Treppenhaus oder im Keller spielen.

☐ Das Grillen ist auf den Balkonen nicht gestattet.

☐ In der Zeit von 13.00 bis 15.00 Uhr sowie zwischen 22.00 und 6.00 Uhr dürfen Radios, Fernsehen, CD-Player usw. nur in Zimmerlautstärke gespielt werden.

☐ Die Mieter müssen abwechselnd den Flur und die Treppen reinigen.

☐ Im Winter müssen die Mieter abwechselnd den Schnee auf dem Gehweg vor dem Haus räumen.

☐ Während der Mittagsruhe (13.00 bis 15.00 Uhr) und zwischen 19.00 und 8.00 Uhr ist das Spielen von Musikinstrumenten grundsätzlich untersagt.

b Was ist verboten? Kreuzen Sie an.

☐ Familie Huber hat Besuch. Sie grillen am Abend auf ihrem Balkon.

☐ Marion möchte im Sommer mit ihren 2 Freundinnen in einem Zelt im Garten übernachten.

☐ Patricia Balmer spielt Geige. Sie hat am Wochenende ein Konzert. Deshalb steht sie früh auf und übt ab 8 Uhr.

c Ordnen Sie den Müll den richtigen Tonnen zu.

**INFO**

## Mülltrennung

Jeder Haushalt sollte den Müll trennen. Die genaue Art der Trennung ist in jeder Stadt verschieden. Im Allgemeinen gibt es verschiedene Container bzw. Behälter:

> gelbe Tonne / gelber Sack für Verpackungen
> Papiermüll
> Glascontainer
> Biotonne
> Container für Kleidung und Schuhe
> Restmüll

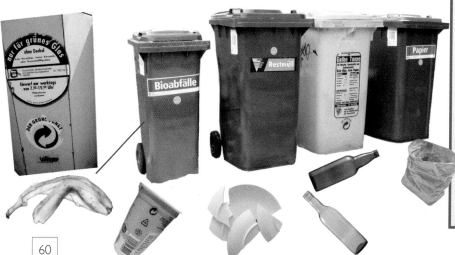

# Umzug

## 5 Ausziehen + einziehen = umziehen

a Was müssen Sie bei einem Umzug tun? Ordnen Sie die Tätigkeiten in die Tabelle ein.

| 1 vor dem Umzug | 2 am Tag des Umzugs | 3 nach dem Umzug |
|---|---|---|
| | | |

Umzugshelfer organisieren

kontrollieren, ob in der neuen Wohnung etwas kaputt ist

Einrichtungsplan für neue Wohnung vorbereiten

Strom, Wasser, Gas anmelden

neue Adresse Freunden mitteilen

Informationen über den Zielort sammeln

Umzugstermin festlegen

Umzugsfirma beauftragen

Schlüssel beim Vermieter abholen

### Anmeldung

Wenn Sie als EU-Bürger eine Wohnung in Deutschland, Österreich oder der Schweiz mieten, müssen Sie sich innerhalb von 7 Tagen beim Bürger- oder Einwohnermeldeamt Ihrer Stadt anmelden.

Als Nicht-EU-Bürger müssen Sie zunächst zum Ausländeramt gehen. Dort bekommen Sie alle notwendigen Informationen und Formulare.

Sie müssen auch so schnell wie möglich Strom, Gas und Wasser auf Ihren Namen anmelden. Sie sollten Ihren Vermieter fragen, wo Sie das machen können.

b Gibt es noch andere Dinge, die Sie tun müssen? Ergänzen Sie die Liste.

| Tagesstempel der Meldebehörde | Amtl. Vermerke | **Anmeldung** | Bitte Merkbla Bei mehr als v weiteren Meld |
|---|---|---|---|
| **Neue Wohnung** | | | **Bisherig** |
| Gemeindekennzahl | | | Bei Zuzug aus dem Ausland bitte d<br>Gemeindekennzahl |
| Die neue Wohnung ist ☐ alleinige Wohnung ☐ Haupt-wohnung ☐ Neben-wohnung | | | Die (letzte) bisherige Wohnung (im Inland) war ☐ allei Woh |
| Tag des Einzugs \| Postleitzahl, Gemeinde, Ortsteil | | | Tag des Auszugs \| Postleitzahl, Gen |
| Straße, Hausnummer, Zusätze | | | Straße, Hausnummer, Zusätze |
| Wird die bisherige Wohnung beibehalten? ☐ Nein | | | ☐ Ja, und zwar als ☐ Hauptwoh |
| Haben die unten aufgeführten Personen noch weitere Wohnungen in Deutschland? | | | ☐ Nein ☐ Ja |
| **1** Familienname, ggf. Doktorgrad | | | **2** Familienname, ggf. Doktorgr |
| Geburtsname | | | Geburtsname |
| Vornamen (Rufnamen unterstreichen) \| männl. ☐ weibl. ☐ | | | Vornamen (Rufnamen unterstreiche |
| Tag der Geburt \| Geburtsort, Land | | | Tag der Geburt \| Gebu |
| Familien-stand ☐ ledig ☐ gesch. ☐ Lebenspartn. führend ☐ Lebenspartn. ☐ verh. ☐ verw. ☐ Lebenspartn. aufgeh. verstorben | | | Familien-stand ☐ ledig ☐ gesch. ☐ verh. ☐ verw. ☐ |
| Zugehörigkeit zu einer Religionsgesellschaft: | | | Zugehörigkeit zu einer Religionsgesellschaft: |
| Staatsangehörigkeiten (Bitte alle angeben!) ☐ deutsche ☐ sonstige: | | | Staatsangehörigkeiten (Bitte alle an ☐ deutsche ☐ sonstige: |

c Ergänzen Sie das Anmeldeformular. Die Angaben für Ihre Wohnung finden Sie im Mietvertrag von Seite 59.

### TIPP

> Gemeindekennzahl: Das müssen Sie nicht ausfüllen.

> bisherige Wohnung = die alte Wohnung

> Hauptwohnung: Wenn Sie mehr als eine Wohnung haben, die wichtigste Wohnung, in der Sie die meiste Zeit verbringen.

> verh. = verheiratet

> gesch. = geschieden

> verw. = verwitwet

> Lebenspartn. = Lebenspartnerschaft: zwei Personen leben zusammen, sind aber nicht verheiratet.

> Religionsgemeinschaft: Das müssen Sie nicht ausfüllen.

# Wohnkultur

## 6 Einrichtung und Zimmer

a   Möbel: Welche Möbel stehen in welchen Zimmern? Ergänzen Sie die Grafik mit den Wörtern aus der Memo-Box und mit möglichst vielen Einrichtungsgegenständen, die Ihnen einfallen. Wer kennt die meisten?

**MEMO**

**Einrichtungsgegenstände**

r Esstisch
e Eckbank
e Kommode
r Geschirrschrank
e Sitzecke
s Spülbecken
r Geschirrspüler/e Spülmaschine
r Backofen
r Kühlschrank
e Kaffeemaschine
e Mikrowelle
r Gefrierschrank
e Badewanne
r Vorhang/e Gardine
e Zentralheizung
e Stehlampe
r Abfalleimer/r Mülleimer
r Sessel

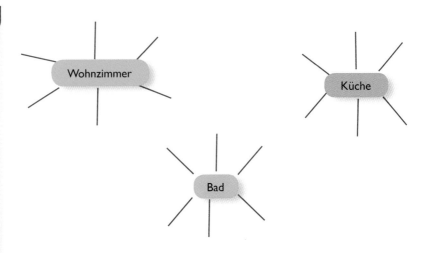

b   Welche Einrichtungsgegenstände auf den Bildern von Seite 57 können Sie zusätzlich in die Grafiken einordnen?

c   Hören Sie die Beschreibung der Wohnung von Frau Büchli. Welcher Grundriss zeigt ihre Wohnung?

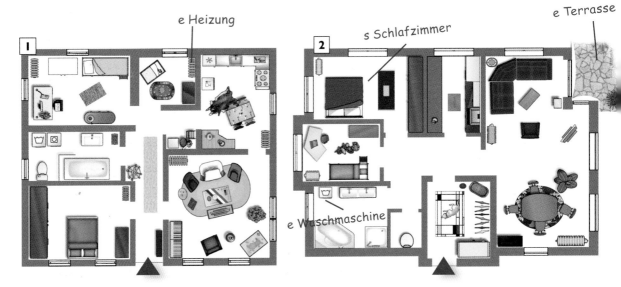

# 7 Das Wohnzimmer

a Schauen Sie die beiden Wohnungen auf Seite 62 noch einmal an.
Welche Zimmer sind am größten?

_____

b Was ist die Funktion dieses Zimmers?

_____

c Schauen Sie sich die beiden Fotos an.
Welche Möbel gehören unbedingt zu diesem Zimmer?

### Geschichte des Wohnzimmers

Das Wohnzimmer ist heute das größte Zimmer. Dort steht normalerweise der neueste Fernseher und vielleicht noch die beste Musikanlage der Familie. Heutzutage wird auch oft im Wohnzimmer gegessen. Meist in einem Teil, in dem ein Esstisch mit Stühlen steht.

Das war nicht immer so. Um das Jahr 1900 gab es noch kein Wohnzimmer, sondern einen Salon, der nur für Besucher bestimmt war. Die Familie traf sich in einer großen Wohnküche. Nach und nach wurde die Funktion des Salons verändert. Heute nimmt das Wohnzimmer ungefähr ein Drittel der gesamten Wohnfläche ein. Hier lädt man Verwandte und Freunde ein. Die Küche ist oft ein Teil des Wohnzimmers und deshalb relativ klein.

d Ordnen Sie die Bilder und Texte dem Zeitstrahl zu.

**1** Im Salon trifft man sich zum Erzählen und Musik machen.

**2** Das Wohnzimmer ist sehr groß und es gibt dort die neueste Technik, um Filme anzuschauen.

**3** Auch die Schränke wurden immer größer. Manchmal waren sie so groß wie die ganze Wand. Man sagt deshalb auch Schrankwand dazu.

**4** Die ersten Fernseher und Plattenspieler wurden ins Wohnzimmer gestellt.

1900          1960          1980          2000

e Gibt es in Ihrer Kultur ein Zimmer mit einer ähnlichen Funktion wie ein Wohnzimmer? Berichten Sie.

## 8 Leben in der WG

INFO

a Schauen Sie sich den Aushang an und beantworten Sie dann die Fragen.

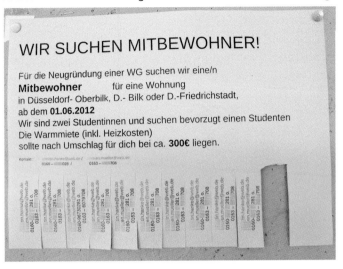

### Wohngemeinschaft

Da die Mieten in DACH sehr hoch sind, ist das Wohnen in einer Wohngemeinschaft (kurz: WG) sehr beliebt. Dabei teilen sich mehrere Personen eine Wohnung. Jeder hat ein Zimmer für sich. Die Küche, das Bad und die Toilette benutzt man jedoch gemeinsam. Häufig sind schon viele Geräte wie Kühlschrank, Waschmaschine etc. von anderen vorhanden.

WGs sind nicht nur bei Studenten, sondern auch bei Leuten beliebt, die nicht lange an einem Ort wohnen werden oder nicht alleine wohnen möchten.

I   In welcher Stadt soll die WG gegründet werden?

INFO

### Studentenwohnheime

Viele Studenten wohnen in einem Studentenwohnheim. Viele Studentenwohnheime gehören direkt zur Uni und stehen sogar auf dem Campus der Uni.

In einem Studentenwohnheim teilen sich häufig viele Studenten eine Küche und den Bad- und Duschbereich. Es gibt jedoch auch spezielle Appartements mit einer Küche für nur 2 Personen und auch Appartements für verheiratete Studenten.

In fast allen Studentenwohnheimen wohnen Männer und Frauen zusammen auf einem Flur.

2   Wer sucht „Mitbewohner"?

3   Mit wem möchten sie zusammen wohnen?

4   Warum ist ein Teil des Zettels abgerissen?

b Tragen Sie die Vorteile und die Nachteile einer Wohnung im Studentenwohnheim und in einer WG in die Tabelle ein.

|  | WG | Studentenwohnheim |
|---|---|---|
| Vorteile |  |  |
| Nachteile |  |  |

c Wo möchten Sie lieber wohnen?

# Übungen
## 9 Das haben Sie gelernt

**I** Schreiben Sie einen Dialog. Benutzen Sie dafür die folgenden Wörter:

> 3-ZKB – 65 Quadratmeter – Balkon – Dachgeschoss – Hund – Kaltmiete –
> Kaution – Nebenkosten – Stellplatz

- Sie: _____
- ▲ Makler: _____
- Sie: _____
- ▲ … (Benutzen Sie ein gesondertes Blatt Papier.)

**2** Markieren Sie die 18 Wörter, die Gegenstände aus Bad und Küche bezeichnen.

| A | K | Ü | H | L | S | C | H | R | A | N | K | H | A | U | H | W | A | S | C | H | M | A | S | C | H | I | N | E |
| S | C | H | R | O | P | X | A | S | W | A | S | C | H | B | E | C | K | E | N | D | J | P | F | A | N | N | E | S |
| F | Ö | H | N | R | I | Y | D | U | S | C | H | E | G | E | I | N | B | A | U | K | Ü | C | H | E | X | D | S | S |
| A | F | B | A | D | E | W | A | N | N | E | R | I | O | L | Z | B | A | B | F | A | L | L | E | I | M | E | R | T |
| S | F | E | L | Ö | G | I | E | S | S | T | I | S | C | H | U | L | M | I | K | R | O | W | E | L | L | E | Q | I |
| T | O | A | S | T | E | R | J | K | H | T | R | O | C | K | N | E | R | O | B | A | C | K | O | F | E | N | T | S |
| W | V | T | O | I | L | E | T | T | E | J | N | F | Z | P | G | E | F | R | I | E | R | S | C | H | R | A | N | K |

**3** Ergänzen Sie die Lücken. Die Buchstaben hinter den Lücken helfen Ihnen, das richtige Wort zu finden.

### Die Hausordnung

Liebe _____(terMei),
damit wir alle ohne _____(eitrSt) zusammenleben können, brauchen wir einige _____
(nelgRe).

**Lärm**
Einige Mieter möchten nicht zu jeder Zeit das Piano oder die _____(skiuM) des Nachbarn hören.
Deshalb ist es _____(ovebertn), während der _____(gsihetatruM) (13.00 -
15.00 Uhr) Musikinstrumente zu _____(elespin) oder laut _____(siuMk) zu hören. Auch
nach 19.00 Uhr bitte ich Sie, _____(ilees) zu sein.

**Kinder**
Kinder müssen _____(elpeins). Das ist gut so. Aber bitte nicht im _____
(senrTephupa). Wir haben dafür einen Spielplatz im _____(ntGrea). Dort dürfen _____
(idenKr) auch mit ihren Freunden spielen.

**Reinigung**
Unser _____(eehrspauTnp) muss regelmäßig _____(iniggteer) werden. Jeder
_____(rtMeei) ist verpflichtet, das Treppenhaus vor seiner eigenen _____(nuhgnoW)
und die Treppe einmal in der _____(cWheo) sauber zu machen.

Ihr _____(ieerreVtm)

# Wörter und Wendungen
## 10 Wichtige Wörter von Einheit 6

Notieren Sie die Schlüsselwörter und übersetzen Sie in Ihre Sprache.

**Start**
> Ich wohne jetzt in einer **Eigentumswohnung**. Vorher habe ich in einer Mietwohnung gewohnt.
> Ich möchte meine Haare trocknen. Wo ist denn der **Föhn**?

**Eine Wohnung mieten**
> Mein **Vermieter** erlaubt nicht das **Grillen** auf dem Balkon!
> Hast du deine Wohnung über einen **Makler** gefunden?
> Meine **Nebenkosten** sind sehr hoch. Besonders die Kosten für die **Heizung**.
> In der **Hausordnung** steht, dass die Kinder die Fahrräder nicht im **Treppenhaus** abstellen dürfen.
> Die **Warmmiete** enthält alle Nebenkosten außer Telefon.

**Umzug**
> Nach dem **Umzug** müssen Sie so schnell wie möglich Strom, Gas und Wasser anmelden.
> Nach dem Umzug müssen Sie zum **Einwohnermeldeamt**, um sich anzumelden. Wenn Sie kein EU-Bürger sind, müssen Sie zuerst zum **Ausländeramt**.

**Wohnkultur**
> Diese **Kommode** ist sehr praktisch. In den **Schubladen** kann ich meine sämtliche Wäsche unterbringen.
> Wir haben noch keine **Spülmaschine**. Wir spülen das **Geschirr** mit der Hand im **Spülbecken**.
> Das oben ist unser **Kühlschrank** und unten der **Gefrierschrank**.
> Wirf die Bananenschale in den **Mülleimer**, bitte.
> Im Wohnzimmer steht der neueste Fernseher und die beste **Musikanlage** der Familie.
> Heute gibt es fast keine **Plattenspieler** mehr. Alle hören nur noch MP3-Dateien.
> Bevor die Wohnzimmer immer größer wurden, traf sich die Familie in der **Wohnküche**.
> Wir suchen für die Neugründung einer **Wohngemeinschaft** einen **Mitbewohner**.
> Einige **Studentenwohnheime** befinden sich direkt auf dem Campus der Uni.

**Ihr Wörterbuch**
e Eigentumswohnung, -en (condominium) _____

**Sie lernen ...**

**Zwei Familien**
- verschiedene Lebens-
  formen verstehen
- die Alltagsorganisation
  von Familien kennen

**Familie ganz privat**
- die Bedeutung von Fa-
  milienfesten verstehen
- die Rollenverteilung in
  der Familie verstehen

**Andere Lebensformen**
- alternative Lebensfor-
  men und deren Proble-
  me verstehen

**Patchworkfamilie**
- das Konzept von
  Familie hinterfragen

# Start

## 1 Lebensformen

a Welche Bilder zeigen eine Familie?

Nummer _____

b Welches Bild passt zu den Texten? Begründen Sie Ihre Auswahl.

☐ Die Frau schaut, ob ihr Mann gut gekocht hat. Sie selbst kocht nur am Wochenende.

☐ Ihr Mann kommt bald nach Hause. Die Frau freut sich darauf. Sie bereitet ihm ein leckeres Essen zu.

☐ Der Mann lebt allein. Er kocht für sich das Mittagessen, weil er keine Lust hat, jeden Tag Fast-Food zu essen.

☐ Der Mann kocht für die Kinder das Mittagessen. Seine Frau ist im Büro.

c Sprechen Sie mit Ihrem Partner: Welche Rezepte stehen in einem *Männerkochbuch*? Welche Unterschiede gibt es zu einem *Frauenkochbuch*?

d Was ist eine „Wohngemeinschaft"?

☐ Eltern und Kinder wohnen zusammen, obwohl die Kinder schon eine Arbeit haben.

☐ Einige Personen, häufig Studenten, teilen sich eine große Wohnung.

# Zwei Familien

## 2 Felix und Nicole

a Ordnen Sie die passenden Aussagen Felix und Nicole zu.

☐ "Es war von Anfang an klar, dass ich auch nach der Geburt weiter arbeiten gehen werde.»

☐ "Wir brauchen den Staat nicht für unsere Liebe. Heiraten kommt nicht in Frage.»

2 "Wir brauchen nicht viel Geld für Benzin. Dafür fahren wir mindestens einmal im Jahr in Urlaub.»

**1** | Felix (36) und Nicole (30) haben zwei Kinder: Ben (9) und Maike (6). Sie haben ein kleines Haus auf dem Land gebaut. Felix ist Angestellter in einer kleinen Firma. Er muss jeden Tag mit dem Auto 30 Kilometer ins Büro fahren. Nicole ist Erzieherin. Sie hat bis zur Geburt von Ben in einem Kindergarten gearbeitet. Seit auch Maike in der Schule ist, möchte sie wieder arbeiten. Sie sucht jetzt eine Teilzeitstelle in der Nähe ihres Wohnortes.

☐ "Bei der Tagesmutter kann unsere Tochter auch mit anderen Kindern spielen. Das ist sehr gut für sie, denn sie hat ja keine Geschwister.»

☐ "Wir finden es gut, wenn unsere Mutti arbeiten geht.»

☐ "Am Wochenende spielen Mama und Papa oft mit mir.»

☐ "Wenn mal Kinder da sind, sollte man schon heiraten.»

☐ "Ich finde es wichtig, dass eine Mutter für ihre Kinder da ist. Deshalb habe ich erst einmal aufgehört zu arbeiten.»

b Welchen Aussagen stimmen Sie zu? Welche Aussagen lehnen Sie ab? Sprechen Sie im Kurs darüber.

c Wie ist der Tagesablauf der beiden Familien? Ordnen Sie die Tätigkeiten den Zeiten zu und schreiben Sie, wer das jeweils macht.

**INFO**

**Heiraten**

Zwei Personen heiraten, wenn sie sich lieben. Aber es gibt auch andere Gründe:

❯ Verheiratete Paare können Vorteile bei der Einkommenssteuer haben.

❯ Wenn ein Ehepartner stirbt, hat der andere Partner Vorteile bei der Erbschaft.

❯ Bei einer Scheidung erhält der Partner, der weniger verdient, Unterstützung durch den anderen Partner.

❯ Bei binationalen Ehepaaren erhält der Partner / die Partnerin eine Aufenthaltserlaubnis.

| | | |
|---|---|---|
| zur Schule gehen | nach Hause kommen | Hausaufgaben machen |
| Frühstück machen | einkaufen | Abendessen machen |
| mit dem Kind spielen | Kind/Kinder ins Bett bringen | bei den Hausaufgaben helfen |
| Mittagessen kochen | Wohnung sauber machen | Wäsche waschen |
| Kind von Tagesmutter abholen | Kind zur Tagesmutter bringen | zur Arbeit fahren |

# 3 Bernd und Marion

a    Ordnen Sie die passenden Aussagen Bernd und Marion zu.

☐ "Arbeiten bedeutet ja nicht nur Geld verdienen. Man bekommt dadurch ja auch viel Anerkennung. Und wenn ich zufrieden bin, dann ist es auch gut für das Kind. "

**2** Bernd (40) und Marion (39) haben ein Kind: Leoni (5) geht in den Kindergarten. Sie sind nicht verheiratet. Sie wohnen in einer Eigentumswohnung in Dresden. Bernd ist Manager in einer Computerfirma. Marion arbeitet an der TU Dresden. Beide können mit dem Fahrrad zu ihrer Arbeitsstelle fahren. Leoni ist bei einer Tagesmutter, wenn ihre Eltern arbeiten.

☐ "Nur mit einem Gehalt ist es schwierig, das Haus zu bezahlen. "

☐ "Urlaub können wir uns momentan nicht leisten. "

☐ "Klar, die Tagesmutter ist teuer, aber wenn man einmal aus dem Beruf raus ist, dann kommt man schwer wieder rein. "

☐ "Als die Kinder kamen, bin ich nicht zu Hause geblieben. Unsere Firma ist sehr klein. Das wäre für die Firma nicht einfach gewesen. "

**MEMO**

### Wortschatz
*Partnerschaft*

> r Single – ein Single sein
> ledig sein – unverheiratet sein
> e Verlobung – verlobt sein
> e Hochzeit – heiraten
> e Ehe – verheiratet sein
> e Scheidung – geschieden sein
> verwitwet sein

> verliebt sein – sich verlieben
> Freunde sein – befreundet sein
> getrennt leben

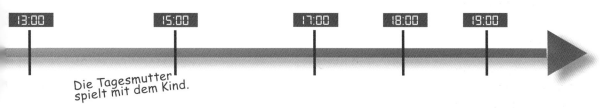

Die Tagesmutter spielt mit dem Kind.

b    Partygespräche: Ergänzen Sie die Sätze mit den Wörtern aus der Memo-Box.

■ Was!? Ahmed und Sofie sind _____! Das wusste ich gar nicht!

▲ Ach … Sie haben schon letzten Sommer _____ . Ich glaube, Sie führen eine glückliche _____ .

■ Weißt du, ob Jonas noch ein _____ ist?

▲ So viel ich weiß, ist er noch _____ . Findest du ihn gut? Nachdem du _____ bist, bist du ja wieder frei.

■ Stimmt. Jetzt kann ich mich wieder frisch _____ . Und wie ist es bei dir?

▲ Ach, Patrick und ich haben beschlossen, für einige Zeit _____ zu leben. Wir brauchen mal etwas Abstand.

**MEMO**

**Familienfeste und Feiern**

> r Geburtstag
> e Hochzeit
> r Hochzeitstag
> e Kommunion/
  e Konfirmation
> s Neujahrsfest
> s Osterfest/s Ostern
> s Silvester
> e Taufe
> s Weihnachten
> e Beerdigung

# Familie ganz privat

## 4 Feste und Feiern

a    Lesen Sie die Beschreibungen der Feste und schreiben Sie die richtigen Nummern zu den Bildern.

1 Zum **Geburtstag** bekommen vor allem die Kinder viele Geschenke und oft gibt es einen besonderen Geburtstagskuchen.

2 An **Silvester** (31.12.) feiern die Leute häufig eine Party. Um 24.00 Uhr machen dann viele ein Feuerwerk. Neujahr (1.1.) ist immer ein Feiertag.

7 Durch die **Kommunion** (katholisch) oder **Konfirmation** (evangelisch) werden die Kinder in die christliche Gemeinde aufgenommen. Sie werden dann sehr fein angezogen.

4 Mit der **Taufe** werden die Kinder zu Christen. Die Taufe findet kurz nach der Geburt in einer Kirche statt.

3 Eine **Hochzeit** symbolisiert, dass zwei Menschen zusammenbleiben möchten. Man feiert ein Fest mit Verwandten und Freunden.

5 Wenn jemand stirbt, gibt es eine **Beerdigung**. Das Grab wird dann mit Blumen geschmückt.

6 **Weihnachten** ist eigentlich der Geburtstag von Jesus Christus. Man macht sich gegenseitig Geschenke und stellt einen Weihnachtsbaum in die Wohnung.

**INFO**

**Geburtstag**

Der eigene Geburtstag ist insbesondere für Kinder ein wichtiges Fest, denn sie bekommen viele Geschenke von allen Verwandten. Oft dürfen die Kinder auch einen Kindergeburtstag mit Freunden und Freundinnen feiern. Die bringen dann ebenfalls Geschenke mit. Auch die Erwachsenen feiern die Geburtstage. Wichtig sind dann vor allem die sogenannten runden Geburtstage, d.h. 50, 60, 70 etc. Jahre. Wenn man noch arbeitet, gratulieren die Kollegen und man bekommt oft von ihnen ein Geschenk.

b    Welche Feste sind direkt mit dem Christentum verbunden?

_____

c    Welche Geschenke sind in den folgenden Situationen angebracht? Verbinden Sie die Situationen mit den Geschenken.

Ihr Chef macht eine Geburtstagsfeier im Büro.

Sie sind zum 50. Geburtstag Ihres Freundes eingeladen.

Sie müssen zur Beerdigung der Mutter eines Freundes.

Sie sind zur Taufe des Kindes eines befreundeten Ehepaars eingeladen.

Sie kaufen im Blumengeschäft einen Blumenstrauß und bringen ihn mit.

Sie bringen als Geschenk Spielzeug oder Babykleidung mit.

Sie fragen, was für ein Geschenk er sich wünscht.

Alle geben Geld. Davon werden Blumen, ein Buch und eine Flasche Wein gekauft.

# 5 **Rollenverteilung in der Partnerschaft**

a   Was macht den modernen Mann aus? So haben Frauen in Deutschland geantwortet.
Versuchen Sie, die Reihenfolge zu erraten. Schreiben Sie die Antworten neben das Diagramm.

1 _____

2 _____  **32%**

3 _____  **29**

4 sieht Partnerin als gleichberechtigt  **23**

5 _____  **20**

6 _____  **16**

7 _____  **15**

8 ist anpassungsfähig und kompromissbereit  **14**

9 _____  **10**

10 _____  **8**

**8**

0   10   20   30   40

Quelle: Vorwerk Familienstudie 2011

a. ist familienorientiert

b. beteiligt sich an Arbeiten im Haushalt

c. sieht Partnerin als gleichberechtigt

d. ist selbstbewusst, sicheres
Auftreten, hat eigenen Charakter

e. ist karriereorientiert, strebsam,
erfolgreich, ehrgeizig

f. gepflegte Erscheinung, gut
gekleidet, sieht gut aus, ist modisch

g. beteiligt sich an Kindererziehung

j. ist anpassungsfähig und
kompromissbereit

h. ist tolerant und weltoffen

i. ist lieb, einfühlsam, zeigt Gefühle

b   Sind Sie mit der Reihenfolge einverstanden?
Welche Eigenschaften sind für Sie noch wichtiger?
Sprechen Sie im Kurs darüber.

c   Ergänzen Sie die Sätze mit Kosenamen aus der Memo-Box.

■   _____, hast du Lust heute Abend ins Kino zu gehen?

▲   Gibt es einen interessanten Film?

✦   Wann gibt es denn Abendessen, _____?

❖   In einer Viertelstunde. Räum schon mal dein Zimmer auf.

❏   _____, gehst du mit mir Fußball spielen?

●   Gleich, lass mich das erst noch zu Ende lesen, bitte.

d   Lesen Sie die Abkürzungen. Wie heißen die richtigen Namen? Wählen Sie aus.

> Hannes   → _____
> Max       → _____
> Nicky     → _____
> Hanna     → _____

Johanna   Miriam   Nicole   Mina   Linus

Hans   Teresa   Malte   Henriette

Maximilian   Henning   Marina   Johannes

**MEMO**

### Koseformen

Kinder reden ihre Eltern meist
nicht mit dem Namen, son-
dern mit einer Koseform von
Mutter und Vater an:
> Mama, Mami, Mutti
> Papa, Papi

Ehepartner und Liebende reden sich häufig mit Abkürzungen der Vornamen an, z. B.:
> Eva - Evi, Michael - Michi

Häufig sind auch spezielle
Kosenamen, die Liebende
verwenden. Einige der beliebtesten sind:
Männer → Frauen
> Schatz, Maus (Mausi), Süße

Frauen → Männer
> Schatz, Hase (Hasi),
Bärchen

# Andere Lebensformen

## 6 Alleinerziehende und Singles

a Hören Sie die Erzählung einer alleinerziehenden Mutter und markieren Sie die Reihenfolge der Themen, über die diese Mutter spricht.

☐ Betreuung des Kindes während der Arbeit

☐ Vorstellung, Familienstand und Arbeit

☐ Organisation bei Krankheit des Kindes

3 Ablauf eines Tages

☐ Unterstützung durch den Vater des Sohnes

☐ Organisation der Sommerferien

☐ Geld, das der Vater bezahlt

**INFO**

### Alleinerziehende Mütter und Väter

Als Alleinerziehende bezeichnet man einen Mann oder eine Frau mit Kindern ohne einen Partner. Alleinerziehende müssen ihre Kinder allein betreuen und das tägliche Leben organisieren.

Ungefähr 18% der Mütter sind alleinerziehend, aber nur ca. 1% der Väter. Der Grund dafür, dass ein Elternteil nicht mehr zusammen mit den Kindern lebt, ist häufig eine Scheidung.

Eine große Schwierigkeit für Alleinerziehende ist die Organisation der Betreuung von Kindern bei Berufstätigkeit. Wenn die Großeltern in der Nähe wohnen, können sie helfen, denn eine Tagesmutter ist sehr teuer.

b Beantworten Sie die Fragen zu Diana.

1 Wie lange wird Dianas Sohn betreut?
2 Was macht Diana mit ihrem Sohn nach der Arbeit?
3 Was macht Diana, wenn ihr Sohn krank wird?
4 Wie organisiert Diana die Sommerferien?
5 Wann trifft der Sohn von Diana seinen Vater?
6 Wie unterstützt der Ex-Mann von Diana seinen Sohn?
7 Was ist sehr wichtig im Alltag von Diana und ihrem Sohn?

**INFO**

### Single

Ein Single ist jemand, der in keiner festen Partnerschaft lebt.

Einige dieser Singles sind auf der Suche, aber haben noch keinen Partner gefunden, mit dem sie zusammenleben möchten. Andere sind jedoch nicht auf der Suche, weil sie lieber ohne einen festen Partner leben wollen.

Das heißt jedoch nicht, dass sie allein sind, denn gerade Singles sind häufig sehr aktiv: Sie treffen sich mit Freunden und unternehmen viel gemeinsam.

Seit einiger Zeit gibt es im Internet spezielle Seiten für Singles: In diesen Single-Clubs kann man sich für gemeinsame Aktivitäten verabreden.

c Hören Sie die Erzählung eines Singles und markieren Sie dann die korrekten Aussagen.

☐ Peter wohnt in München.
☐ Er möchte immer als Single leben.
☐ Ein Single kann in der Freizeit viele Dinge unternehmen.
☐ Ein Single muss am Wochenende zu Hause bleiben.
☐ Peter wünscht, dass jemand zu Hause ist, wenn er kommt.
☐ In einer Partnerschaft kann man nicht immer machen, was man will.

d Peter spricht über einen Single-Club.
Welche Audios passen zu den folgenden Aussagen?

> Peter sagt, dass nach einiger Zeit viele Leute an den Aktivitäten teilnehmen, die er organisiert.      Audio _____

> Peter berichtet, dass sich nur wenige Paare im Single-Club gefunden haben.      Audio _____

> Peter erzählt, dass mehr Frauen als Männer an den Aktivitäten teilnehmen.      Audio _____

> Peter erzählt, wie man sich anmelden kann und wie viel es kostet.      Audio _____

> Peter zählt Aktivitäten auf, die man im Single-Club organisieren kann.      Audio _____

# 7 Gleichgeschlechtliche Paare

a In dem Gespräch über die eingetragene Lebenspartnerschaft hören Sie sieben Glockentöne. Welche Fragen können hier statt der Töne stehen?

| Nr. | |
|---|---|
| | Warum habt ihr geheiratet? |
| | Wann und wo habt ihr geheiratet? |
| | Habt ihr auch in der Kirche geheiratet? |
| | Was ist eine eingetragene Lebenspartnerschaft? |
| | Wollt ihr Kinder adoptieren? |
| 3 | Was ist der Inhalt des Vertrages? |
| | Wie haben eure Eltern und Verwandten reagiert? |

b Welche Aussage ist korrekt? Korrigieren Sie die falschen Aussagen.

☐ Christian und Jürgen haben auf dem Standesamt und in der Kirche geheiratet.
☐ Die Verwandten waren alle glücklich, dass die beiden endlich geheiratet haben.
☐ Christian und Jürgen werden demnächst ein 15-jähriges Kind adoptieren.

c Lesen Sie den Text und markieren Sie dann die zutreffenden Aussagen.

## Christopher Street Day

In Erinnerung an eine Protestaktion gegen Diskriminierung von Homosexuellen am 29. Juni 1969 in New York finden auch in Deutschland, Österreich und der Schweiz im Juni Paraden von homosexuellen Männern und Frauen statt. Diese Parade wird in Deutschland und der Schweiz Christopher Street Day (CSD) genannt. In Österreich sagt man Regenbogenparade.

Der größte Umzug in Deutschland findet in Köln statt. Der Cologne Pride ist inzwischen zu einer großen Touristenattraktion geworden. Es kommen etwa so viele Touristen in die Stadt wie zu dem traditionellen Karnevalsumzug im Februar. Bei den Paraden sind die Teilnehmer in bunte Fantasiekostüme gekleidet und haben oft nur sehr wenig an.

Mit diesen Umzügen möchten die homosexuellen Männer und Frauen auf die immer noch vorhandenen Diskriminierungen in vielen Ländern der Erde aufmerksam machen. Deshalb unterstützen beim CSD immer auch bekannte Politiker die Forderungen der Homosexuellen nach Anerkennung ihrer Lebensform und nach dem Ende der Diskriminierung.

☐ In Österreich heißt der Karneval *Regenbogenparade*.
☐ Die Teilnehmer des CSD möchten die Zuschauer mit ihren Fantasiekostümen unterhalten.
☐ Homosexuelle werden in vielen Ländern diskriminiert.
☐ Politiker nehmen am CSD teil, um die Forderungen der Homosexuellen zu unterstützen.

d Gibt es auch in Ihrem Land den CSD? Oder warum nicht? Recherchieren Sie im Internet und berichten Sie im Kurs.

# Patchworkfamilie

## 8 Was ist eine Familie?

a Was ist eine Familie für Sie? Ordnen Sie die passenden Wörter dem Diagramm zu. Sie können das Diagramm auch mit anderen Familienmitgliedern ergänzen.

Arbeitskollegen – Bruder – Chef – Cousin – Cousine –
Eltern der Schwiegertochter / des Schwiegersohns – Enkel
– Freund der Tochter – Freunde und Freundinnen, mit denen
ich Sport mache – Freundin des Sohnes – Hund –
Katze – Klassenkameraden – Mutter – Oma – Onkel – Opa
– Schwager – Schwägerin – Schwester – Schwiegersohn –
Schwiegertochter – Sohn – Studienkollegen und -kolleginnen
– Tante – Tochter – Vater

b Unterstreichen Sie jetzt die Familienmitglieder, die man mindestens für eine Familie benötigt.

c Patchworkfamilie: Beantworten Sie schriftlich die Fragen zum Text.

### Papa + Mama + Kinder = Patchwork

Patchwork ist eine Decke, die aus vielen verschiedenen Teilen zusammengesetzt ist. Und genau wie diese Decke ist auch eine Patchworkfamilie aus verschiedenen Teilen zusammengesetzt. Unsere Beispielfamilie z. B. aus sieben Teilen: Vater Bertram ist geschieden. Aus der geschiedenen Ehe gibt es die Kinder Maya (14), Dennis (12) und Tim (10). Auch Mutter Elke hat zwei Kinder: Laura (13) und Lea (10). Ihr Mann ist vor 5 Jahren gestorben. Bertram und Elke haben sich vor einem Jahr kennengelernt. Seit dieser Zeit sind sie ein Paar und demnächst möchten sie heiraten. So werden demnächst zwei Familien mit verschiedenen Familienkulturen und Gewohnheiten zusammenkommen. Noch wohnen sie nicht in einer gemeinsamen Wohnung. Damit ein Zusammenleben aber gelingt, haben sich die beiden Familien einen Coach geholt: Dr. Frederic Hofmann. „Jede Familie hat ihren eigenen Alltagsablauf und ist ein eingespieltes Team. Das Ziel ist jetzt, aus den einzelnen Individuen ein gemeinsames Wir zu machen." Daran arbeitet Dr. Hofmann jetzt mit den beiden Familien. Vater Bertram ist optimistisch: „Wir können beobachten, wie die Kinder langsam besser miteinander kooperieren. Vielleicht werden wir bald auch ein gemeinsames Kind haben."

1  Was ist eine Patchworkfamilie? _____

2  Warum brauchen Bertram und Elke einen Coach? _____

3  Was möchte der Coach erreichen? _____

4  Warum kann es Probleme geben, wenn die beiden Familien zusammenziehen? _____
   _____

5  Wie sieht der Vater die Zukunft der Familien? _____

# Übungen

## 9 Das haben Sie gelernt

**I** Wortschatz: Welches Wort passt nicht in die Reihe? Streichen Sie das falsche Wort durch.

- ❯ Verlobung – Bildung – Scheidung – Trennung
- ❯ Feier – Hochzeit – Geburtstag – Silvester
- ❯ Ostern – Taufe – Weihnachten – Geburtstag
- ❯ familienorientiert – gleichberechtigt – einfühlsam – lieb
- ❯ Schatz – Malte – Bärchen – Süße

**2** Wortschatz: Schreiben Sie, welche Wörter gemeint sind.

a. Eine Frau, die die Kinder von berufstätigen Eltern betreut: _____

b. Die Ehe von gleichgeschlechtlichen Lebenspartnern: _____

c. Etwas, das man zu einer Geburtstagsfeier mitbringt: _____

d. Ein Fest, das manche feiern, bevor sie heiraten: _____

e. Eine Person, die ohne einen Partner lebt, aber ein Kind hat: _____

f. Das Fest am 31. Dezember: _____

g. Durch dieses Fest wird ein Kind zu einem Christen: _____

h. Eine nicht verheiratete Frau oder ein nicht verheirateter Mann: _____

i. Die Trennung einer Ehe: _____

j. Namen, die Verliebte benutzen: _____

k. Zwei Menschen sind verheiratet: _____

l. Vater, Mutter, Kinder, Oma, …: _____

m. Kinder von verschiedenen Eltern leben in einer neuen Familie mit teilweise neuen Eltern zusammen: _____

n. Am Ende einer Schwangerschaft: _____

**3** Korrigieren Sie die folgenden Aussagen.

a. An Silvester bekommt man häufig einen besonderen Kuchen.

❯ _____

b. Christopher Street Day ist der Karneval in Köln.

❯ _____

c. Wenn ein Ausländer eine Deutsche heiratet, wird er automatisch ein Deutscher.

❯ _____

# Wörter und Wendungen

## 10    Wichtige Wörter von Einheit 7

Notieren Sie die Schlüsselwörter in Ihrer Sprache.

**Start**                                            Ihr Wörterbuch
> Die vier Studenten wohnen in einer WG (= Wohn-        e Wohngemeinschaft, -en (flat-sharing community)
  gemeinschaft).                                      _____

**Zwei Familien**
> Nach der **Geburt** ihres Sohnes hat sie weiter      _____
  gearbeitet.                                          _____
> Eine **Tagesmutter** ist teuer, aber ohne sie könnte ich  _____
  nicht **berufstätig sein**.                          _____
> Verheiratete Paare können Vorteile bei der           _____
  **Einkommenssteuer** haben.                          _____
> Eine **Scheidung** ist oft teurer als eine **Hochzeit**.  _____
> Bei **binationalen Paaren** erhält der ausländische   _____
  Ehepartner eine **Aufenthaltserlaubnis**.            _____
> Ich bin ein halbes Jahr in **Elternzeit** gegangen.  _____

**Familie ganz privat**
> Über die **Rollenverteilung** in der **Partnerschaft** haben  _____
  **Ehepartner** manchmal unterschiedliche Meinungen.  _____
> Das **Diagramm** zeigt die Vorstellungen von Frauen   _____
  von einem modernen Mann.                             _____
> Ein moderner Mann sollte **familienorientiert** und   _____
  **karriereorientiert** sein. Außerdem sollte er eine  _____
  **gepflegte Erscheinung** sein.                       _____
> **Ehepaare** benutzen oft **Koseformen** für die Anrede.  _____

**Andere Formen des Zusammenlebens**
> Ein **Single** ist jemand, der in keiner festen       _____
  **Partnerschaft** lebt.                               _____
> **Alleinerziehende** Mütter haben oft Probleme,       _____
  die **Betreuung** des Kindes und den Beruf zu         _____
  koordinieren.                                         _____
> **Gleichgeschlechtliche** Paare können eine           _____
  **Lebenspartnerschaft** beim **Standesamt** bzw.       _____
  beim **Zivilstandsamt** eintragen lassen.             _____
> Die **Parade** am Christopher Street Day wendet sich  _____
  gegen die **Diskriminierung** von **Homosexuellen**.  _____

**Patchworkfamilie**
> Weil es heutzutage viele **Scheidungen** gibt, entstehen  _____
  auch viele **Patchworkfamilien**.                     _____
> Die Ehe ist eine **rechtlich verbindliche Lebensgemein-**  _____
  **schaft**.                                            _____

# FREUNDSCHAFT, LIEBE, EHE 8

## Sie lernen ...

**Freundschaft**

- auf Kontaktversuche angemessen reagieren
- Profile für eine Partnerbörse ausfüllen
- Konversation beim Speeddating machen

**Liebe**

- den richtigen Ort für eine Verabredung auswählen
- die Stufen des Flirtens einschätzen

**Ehe**

- Hochzeit organisieren
- Geschenke auswählen
- System der Scheidung verstehen

## Start

## 1 Orte des Kennenlernens

a  Welche Bilder passen zu den Begriffen? Schreiben Sie die passenden Nummern zu den Begriffen.

- ☐ im Tanzkurs
- ☐ im Sportclub
- ☐ auf der Straße
- ☐ im Studium oder bei der Arbeit
- ☐ im Biergarten
- ☐ auf der LAN-Party
- ☐ im Museum
- ☐ bei einer Partnervermittlung

b  Bei welchen dieser Gelegenheiten kann man einen neuen Partner kennenlernen?
Ergänzen Sie die Tabelle auch durch eigene Ideen.

| Alter | Hier kann man einen Partner kennenlernen |
|---|---|
| 18 - 25 | auf der Straße, im Studium, ... |
| 26 - 35 | |
| über 35 | |

c  Ergänzen Sie die Sätze.

1  Liebe ist _____

2  Ehe bedeutet für mich _____

3  Echte Freundschaft _____

4  Ein Mann / Eine Frau sollte _____

# Freundschaft

## 2 Kontakte knüpfen

a Sie sitzen in einem Café. Da kommt ein junger Mann / eine junge Frau und sagt einen der folgenden Sätze zu Ihnen. Wie antworten Sie, wenn Sie ihn/sie gut finden (+) und wenn Sie ihn/sie nicht gut finden (–)?

„Kannst du mir deine Telefonnummer geben, ich hab'
meine vergessen."

> + _____

> – _____

„Kennen wir uns nicht?"

> + _____

> – _____

„Hat dir schon mal jemand gesagt, dass du aussiehst
wie Heidi Klum / Brad Pitt?"

> + _____

> – _____

„Sie haben echt schöne Augen!"

> + _____

> – _____

„Normalerweise spreche ich keine Frauen/Männer an.
Aber bei dir mache ich eine Ausnahme."

> + _____

> – _____

b Was kann man in Ihrem Land sagen, wenn man zum ersten Mal jemanden anspricht?

> _____

> _____

> _____

c Ergänzen Sie den Text mit Wörtern aus der Memo-Box.

■ Guck mal die beiden da hinten auf der Bank. Öffentlich in einem Park
_____! Das finde ich wirklich nicht gut.

■ Hast du gesehen, wie Jens auf der Party Teresa _____ hat?

▲ Ja. Und ich dachte, Nadine ist seine Freundin.

▲ Heute in der U-Bahn hat mich ein Mann dauernd angesehen.
Das war richtig unangenehm.

■ Ach, der wollte sicher nur ein bisschen mit dir _____.
Da ist doch nichts dabei.

▲ Also bei uns macht man das nicht. Da muss ich mich erst noch dran
gewöhnen.

**MEMO**

### Freundschaft und Liebe in der Jugend-sprache

> jemanden anmachen; jeman-den anbaggern: jemanden ansprechen; einen ersten Kontakt herstellen

> flirten: durch Blicke und Worte für jemanden Zunei-gung zeigen

> Trulla: abwertend für Frau/Mädchen

> Frauenversteher, Warmduscher: ein sensibler Mann

> knutschen: intensiv küssen

> zusammen sein: ein Paar sein

> schmusen: zärtlich miteinander sein

# 3 Partnervermittlung, Speeddating

a Welche Auswahllisten passen zu den Kategorien? Ordnen Sie zu.

| 1 Ehe ist für Sie | 2 Ihr Charakter | 3 Ihre Statur |
|---|---|---|
| 4 Ihre Wohnsituation | 5 Sie rauchen | 6 Ihr Familienstand |

☐
- das behalte ich für mich
- abenteuerlustig
- anspruchsvoll
- gesellig
- großzügig
- humorvoll
- rücksichtsvoll
- schüchtern
- sensibel
- spontan

☐
- das behalte ich für mich
- ja, manchmal
- ja, regelmäßig
- nicht und suche ausschließlich Nichtraucher
- nicht, habe aber kein Problem mit Rauchern
- ja, versuche aber damit aufzuhören

☐
- das behalte ich für mich
- sehr wichtig
- wichtig
- heilig
- nicht unbedingt notwendig
- eine Erfahrung, die ich nicht wiederholen möchte
- ausgeschlossen

☐
- das behalte ich für mich
- ein paar Gramm zu viel
- kräftig
- normal
- schlank
- sportlich

☐
- das behalte ich für mich
- ledig
- verheiratet
- geschieden
- getrennt lebend
- verwitwet

☐
- das behalte ich für mich
- allein
- bei meinen Eltern
- mit den Kindern
- manchmal mit den Kindern
- in einer WG

**INFO**

## Online-Partnervermittlung

Online-Partnervermittlungen sind darauf spezialisiert, Partnersuchende zusammenzubringen. Das Prinzip ist überall ähnlich: Zunächst muss man ein Profil erstellen. Danach bekommt man automatisierte Vorschläge von potentiellen Partnern. Oder man sucht nach Kriterien, die man selbst vorgeben kann; z.B.: Wohnort, Alter, Aussehen usw.

Oft wird kritisiert, dass viele Profile nicht der Wahrheit entsprechen und dass die Gebühr sehr hoch ist. Man sollte daher vorsichtig sein und die Preise vergleichen. Bekannte Seiten sind: *Parship, eDarling, ElitePartner.* Alle gibt es mit den Endungen .de, .at und .ch.

b Was trifft auf Sie zu? Markieren Sie.

c Speeddating: Überlegen Sie gemeinsam, über welche Themen man in sieben Minuten sprechen kann. Sammeln Sie gemeinsam Fragen an den Partner zu diesen Themen.

**INFO**

### Speeddating

Speeddating ist eine organisierte Form des Kennenlernens, bei dem sich 7 Männer und Frauen, die sich noch nicht kennen, treffen. Sie sitzen an Tischen gegenüber und haben ca. 7 Minuten Zeit, miteinander zu reden. Danach müssen die Männer zur nächsten Frau wechseln. In 49 Minuten kann man also 7 mögliche Partner kennenlernen. Dafür muss man eine Teilnahmegebühr bezahlen. Bekannte Organisatoren für Speeddating sind: speeddating.de, speeddating.at oder speedflirt.ch.

| Thema | Fragen |
|---|---|
| Ausbildung, Schule, Studium | Wo bist du zur Schule gegangen? Hast du studiert? Was … |
| Herkunft, Wohnort, Arbeit | |
| … | |

d Benutzen Sie die Materialien von unserer Internetseite für ein Speeddating im Kurs. Welcher Partner gefällt Ihnen? Schreiben Sie seinen Namen auf Ihre Karte.

# Liebe

## 4 Zusammen ausgehen

a Wo kann man sich zu zweit zum ersten Mal treffen? Markieren Sie geeignete
Orte und ergänzen Sie durch eigene Ideen.

im Café        im Schwimmbad        zu Hause        im Park        ...

b Was sind die Vor- und Nachteile dieser Orte?
Sprechen Sie zu zweit und notieren Sie Ihre Ergebnisse.

> _____

> _____

> _____

### Selbstbestimmte Familienplanung

In Deutschland, Österreich und der Schweiz ist eine aktive Familienplanung selbstverständlich. Man kann fast in jedem Supermarkt oder Drogeriemarkt Verhütungsmittel kaufen.

Kondome kann man auch aus Automaten ziehen, die es in öffentlichen Toiletten gibt. Auch in den Toiletten für Frauen.

Die meisten Frauen – über 50% – verhüten in den drei Ländern mit der Anti-Baby-Pille oder kurz *Pille* genannt. Die Pille kann man nicht frei kaufen. Man muss zu einem Arzt gehen, der einer Frau die passende Pille verschreibt. Das ist in der Regel kein Problem. Danach kann man die Pille in einer Apotheke kaufen. Man muss sie jedoch selbst bezahlen. Die Versicherung übernimmt die Kosten dafür nicht.

c In dem Ratgeber *Erfolgreiche Verabredungen* finden Sie die folgenden Hinweise. Welche Überschriften passen zu den Abschnitten? Schreiben Sie die passenden Nummern in die Kästchen.

Eingehen auf den Partner ☐        Werden Sie persönlicher ☐

Der richtige Ort für Ihr Date ☐        Der Start ins Gespräch ☐

### So gelingt Ihre erste Verabredung

**1** Wichtig ist zunächst die Auswahl des richtigen Ortes für ein erstes Treffen. Sicher ist es keine gute Idee, beim ersten Date zusammen ins Kino zu gehen. Dort kann man kein intensives Gespräch führen und man vergibt eine Chance, den potentiellen Partner besser kennenzulernen. Treffen Sie sich daher an einem neutralen Ort: in einem Café oder Restaurant oder gehen Sie zusammen in einem Park spazieren.

**2** Beginnen Sie Ihr Gespräch zunächst mit einem unverfänglichen Gesprächsstoff. Auch wenn es merkwürdig klingt: Eine Bemerkung über das Wetter ist ein Einstieg, um die erste Nervosität auf beiden Seiten zu überwinden. Small Talk am Anfang hilft, um sich etwas näherzukommen.

**3** Bleiben Sie jedoch nicht bei diesen oberflächlichen Themen stehen. Ihr Ziel ist es zu erfahren, ob Ihr Gesprächspartner auch als Lebenspartner zu Ihnen passt. Versuchen Sie daher zu tiefer liegenden Themen vorzudringen. Sprechen Sie über die Interessen, Vorlieben und Werten Ihres Gegenübers.

**4** Wichtig ist auch, dass Sie aktiv zuhören: Hören Sie, was Ihr Partner sagt und ergänzen Sie es durch eigene Gedanken zu dem Thema. Und versuchen Sie, möglichst natürlich zu sein.

d Was machen Sie nach der ersten Verabredung? Schreiben Sie zu zweit einen Ratgeber.

# 5 Sich näherkommen

a Lesen Sie den Text der Info-Box. An welcher Stelle steht das Küssen?
Ergänzen Sie die Grafik.

Engländerin
      langer Blick                             Sex miteinander haben
Amerikaner

b Wir haben eine Umfrage unter Deutschen zur Reihenfolge des
Flirtens gemacht. Wie ist die Reihenfolge in Deutschland
Ihrer Meinung nach? Nummerieren Sie die Handlungen von
(Beginn) bis 12. Sprechen Sie dann in der Gruppe darüber.

☐ sich umarmen

5 sich zu zweit verabreden

☐ leichte Berührung an Arm, Schulter oder Rücken

☐ langer Blick

☐ Telefonnummer/Mailadresse austauschen

☐ anquatschen

☐ längere Berührungen

☐ sich in der Clique / in einer Gruppe verabreden

☐ Sex miteinander haben

☐ sich auf die Wange küssen

☐ zusammen auf der Straße gehen und an der Hand halten

☐ sich intensiv küssen

c Machen Sie im Kurs eine Umfrage. Drucken Sie dafür das Formular
im Internet aus.

d Gibt es in Ihrer Kultur beim Flirten Handlungen, die es in der Übersicht
bei Aufgabe 5b nicht gibt? Notieren Sie diese Handlungen.

_____

_____

e Sprechen Sie im Kurs über diese kulturspezifischen Handlungen.

## Liebe interkulturell

Nach dem Zweiten Weltkrieg kam es zu vielen Freundschaften zwischen amerikanischen Soldaten und englischen Frauen. Dabei gab es häufig interkulturelle Missverständnisse, über die Paul Watzlawick berichtet.

Die Reihenfolge des Flirtverhaltens in einer Liebesbeziehung ist in jeder Kultur verschieden. Auch bei Engländern und Amerikanern war das der Fall: In der amerikanischen Kultur ist nach Watzlawick ein Kuss sehr harmlos. Man küsst sich relativ schnell. In der englischen Kultur dagegen kommt es erst sehr spät zu einem Kuss.

Wenn also der amerikanische Soldat dachte, dass er seiner Freundin einen Kuss geben könnte, war er in der Beziehung erst ganz am Anfang. Seine englische Freundin war jedoch überrascht, denn nach ihrem Gefühl hatte ihr amerikanischer Freund viele Stufen übersprungen. Entschied sich die Frau, diesen Kuss zu erlauben, kamen für sie als nächste Stufe bereits intime Berührungen. Dies war dann wieder für ihren amerikanischen Freund eine Überraschung, denn er war ja noch auf einer ganz frühen Stufe der Beziehung.

Solche gefühlsbetonten Beziehungen sind stark kulturell geprägt. Sie verlaufen meist unbewusst und es kann schnell zu unklaren Situationen kommen.

*(nach: Paul Watzlawick: Wie wirklich ist die Wirklichkeit? - Wahn, Täuschung, Verstehen. München 2010, 74f.)*

# Ehe

## 6 Heiraten

a Luís und Sandra möchten in Bern heiraten. Bringen Sie die folgenden Handlungen in eine zeitliche Reihenfolge.

☐ Sie feiern in einer Kirche ein kirchliches Hochzeitsfest.

☐ Sie sprechen mit Freunden und fragen, ob sie Trauzeugen sein wollen.

☐ Sie machen beim Zivilstandsamt einen Termin für die Trauung aus.

☐ Sie feiern mit Freunden und Verwandten in einem Restaurant ihre Hochzeit.

☐ Sie gehen zum Zivilstandsamt und melden ihren Ehewunsch an.

☐ Sie gehen zum Zivilstandsamt und geben sich das Jawort.

Zivilstandsamt Bern

**MEMO**

### Wortfeld *Heirat*

> e Braut / r Bräutigam: die Frau / der Mann, die/der heiraten möchte
> s Brautpaar: Braut und Bräutigam
> e Heiratsurkunde: das offizielle Dokument, das man bekommt, wenn man geheiratet hat
> sich das Jawort geben: vor dem Standesbeamten *Ja* sagen, d.h. heiraten
> s Standesamt / s Zivilstandsamt: der Ort, wo man heiraten kann
> r Standesbeamte / e Standesbeamtin: die Person, die eine Trauung durchführt
> e Trauung – sich trauen lassen: die Handlung der Eheschließung
> e Trauzeugen: Zeugen der Eheschließung

b Ergänzen Sie den Text mit den Wörtern aus der Memo-Box.

1 Der _____ fragt die _____: „Möchten Sie, Sandra Kaufmann, Luís da Silva heiraten? Dann sagen Sie jetzt Ja." „Ja, ich will."

2 Nachdem das _____ sich das _____ gegeben hat, feiern sie mit Freunden.

3 Das _____ der Stadt Salzburg befindet sich im Schloss Mirabel. Dort kann man sich im Marmorsaal, einem der schönsten Säle für Hochzeiten in Europa, _____ lassen.

4 Bei einer Eheschließung in Österreich brauchen Sie genau zwei _____. Die müssen mindestens 18 Jahre alt sein und ihren Ausweis mitbringen.

**INFO**

### Heiraten

In einem weißen Kleid in einer schönen Kirche heiraten – das ist für viele ein Traum.
Die Eheschließung ist aber eigentlich ein rechtlich verbindlicher Vertrag. Deshalb muss man dafür zu einer staatlichen Stelle gehen. Diese Stelle nennt man *Standesamt* oder – in der Schweiz – *Zivilstandsamt*. Diese Ämter befinden sich häufig im Rathaus einer Stadt.

> Die künftigen Ehepartner melden dort zunächst die Eheschließung an. Dafür braucht man verschiedene Dokumente, z. B. den Ausweis, die Geburtsurkunde usw.
> Danach wird die Heiratsabsicht dieser beiden Personen für einige Zeit öffentlich bekannt gegeben. Diese Bekanntgabe nennt man *Aufgebot*.
> Nach der Zeit des Aufgebots kann die Trauung tatsächlich stattfinden. Die meisten Städte haben dafür spezielle Räume und man kann sogar einige Gäste mitbringen. Manchmal ist das Standesamt aber nur ein normales Büro. Auch die Kleidung ist nicht vorgeschrieben: Man kann in Jeans, aber auch in einem eleganten Kleid und im Anzug heiraten.
In Österreich und der Schweiz braucht man außerdem zwei Trauzeugen.

Ob die Eheleute noch in einer Kirche heiraten möchten, ist dann eine private Entscheidung. Für eine gesetzliche Ehe ist das nicht notwendig.

### Schweizerdeutsch
r Zivilstand = r Familienstand

# 7 Hochzeit

a Deutsche Männer heiraten ausländische Frauen und deutsche Frauen heiraten ausländische Männer.
Hören Sie die Audioaufnahme und ergänzen Sie die Grafik.

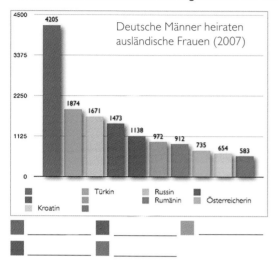

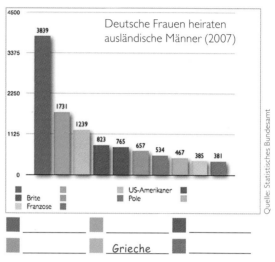

Quelle: Statistisches Bundesamt

_____   _____   _____

_____   _____

_____   _____   _____

_____   Grieche   _____

b Warum sind polnische Frauen und türkische Männer so beliebt? Schreiben Sie Ihre Vermutungen auf und
sprechen Sie dann zusammen im Kurs darüber.

_____

_____

**INFO**

### Hochzeitstisch

Bei einer Hochzeitsfeier ist es üblich, dem Brautpaar Geschenke zu machen. Man verschenkt, mit Ausnahme von Verwandten des Brautpaars, kein Geld, sondern nützliche Dinge. Häufig gibt es dafür in einem Geschäft einen sogenannten *Hochzeitstisch*. Auf diesen Tisch hat das Brautpaar viele Dinge gelegt, die es sich wünscht. Alle Gäste

c Warum sind bei manchen ausländischen Frauen und Männern die deutschen
Frauen und Männer so beliebt? Schreiben Sie Ihre Vermutungen auf und sprechen
Sie dann zusammen im Kurs darüber.

_____

_____

_____

werden über diesen Tisch informiert und können dann dort die Dinge kaufen, die sie schenken möchten.

Im Internetzeitalter gibt es inzwischen auch virtuelle Hochzeitslisten, über die die Geschenke organisiert werden. So wird vermieden, dass einige das Gleiche schenken.

d Geschenke interkulturell: Welche Geschenke kann man in Ihrer
Kultur nicht zur Hochzeit verschenken? Markieren Sie diese
Geschenke und ergänzen Sie die Liste noch mit eigenen Ideen.

Uhren und kleinere
Möbel für die neue
Wohnung

Handtücher für
Bad und Küche

Messer und
Besteck

Geschirr

Töpfe und
Pfannen

Babykleidung
(für die Zukunft)

# 8 Scheidung

a Hören Sie die Aufnahme und ergänzen Sie die Grafik und die Tabelle.

Ehescheidungen nach Ehejahren in Deutschland (2011)

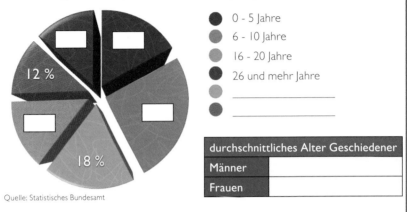

● 0 - 5 Jahre
● 6 - 10 Jahre
● 16 - 20 Jahre
● 26 und mehr Jahre
● _____
● _____

Quelle: Statistisches Bundesamt

| durchschnittliches Alter Geschiedener | |
|---|---|
| Männer | |
| Frauen | |

b Rechtsberatung: Lesen Sie die Fragen und ordnen Sie die Antworten zu.

## Fragen Sie Ihren Anwalt

*Scheidung von einem ausländischen Ehepartner: Wie geht das?*

**1** *F* Mein Mann ist Deutscher und ich bin Polin. Wir haben in Polen geheiratet. Nach der Hochzeit haben wir 10 Jahre zusammen in Stuttgart gelebt. Aber seit einem Jahr lebe ich wieder in Polen. Jetzt möchte ich mich scheiden lassen. Wo können wir uns scheiden lassen?

**2** *F* Hallo! Ich bin Türke und meine Frau ist Türkin. Wir haben in der Türkei vor 32 Jahren geheiratet. Danach sind wir zusammen nach Deutschland gegangen. Nachdem unsere Kinder aus dem Haus sind, lebt meine Frau wieder in der Türkei. Sie will sich von mir scheiden lassen. Können wir uns in Deutschland scheiden lassen oder müssen wir das in der Türkei machen?

**3** *F* Ich bin Amerikaner und meine Frau ist Engländerin. Wir sind beide Journalisten. Wir haben beide in Berlin gearbeitet und geheiratet. In Berlin haben wir 5 Jahre zusammen gewohnt. Dann musste ich zurück nach New York. Meine Frau wollte wieder nach London. Seit einem Jahr leben wir getrennt. Das war nicht gut für unsere Ehe. Jetzt möchten wir uns scheiden lassen. Aber wo?

☐ *A* Sie haben die gleiche Staatsangehörigkeit, deshalb werden Sie in jedem Fall nach dem Recht Ihres Landes geschieden. Der Ort spielt dabei keine Rolle.

☐ *A* Wenn die Eheleute nicht die gleiche Staatsangehörigkeit haben und sich in verschiedenen Ländern aufhalten, können sie in dem Land geschieden werden, wo sie zuletzt gemeinsam gelebt haben.

c Kann man sich in Ihrem Heimatland scheiden lassen? Wie funktioniert das? Berichten Sie im Kurs.

### Scheidung

Die Ehe ist eine rechtlich verbindliche Lebensgemeinschaft, die von vielen Gesetzen geregelt wird. Wenn man sich in Deutschland, Österreich oder der Schweiz scheiden lassen möchte, muss man das vor einem Gericht machen. In der Regel nehmen die ehemaligen Ehepartner jeweils auch einen Anwalt. Vor Gericht wird dann ein Scheidungsvertrag gemacht. Besonders strittige Fragen sind meist:

> Wie werden die Wertgegenstände (Möbel, Auto, Geld) aufgeteilt?
> Wer darf in dem gemeinsamen Haus, der gemeinsamen Wohnung wohnen bleiben?
> Wie viel Unterhalt muss der Vater oder die Mutter für die Kinder bezahlen?
> Bei wem wohnen künftig die Kinder? Wie oft und wo darf der andere Elternteil die Kinder sehen?
> Wie viel Unterhalt muss für den Ehepartner bezahlt werden?

Das Gericht und die Anwälte kosten viel Geld. Häufig ist die Scheidung teurer als die Hochzeit.

☐ *A* Das ist ein schwieriger Fall. Sie sollten überlegen, in welchem Staat Sie die engsten gemeinsamen Bindungen haben. Dort können Sie sich scheiden lassen. Sie sollten das über einen Rechtsanwalt regeln, damit Sie nicht extra nach Europa reisen müssen.

# Übungen

## 9 Das haben Sie gelernt

**I** Lösen Sie das Rätsel.

1 Ein Ort, wo die Gäste einer Hochzeitsfeier Geschenke für das Brautpaar aussuchen können.
2 Dieses Dokument bekommt man nach der Hochzeit.
3 Jugendsprache: zärtlich miteinander sein. 4 Die Überlegung, wie viele Kinder man bekommen möchte. 5 Ein Treffen mit einem Freund oder einer Freundin. 6 Trennung 7 Sieben Männer und Frauen treffen sich und reden miteinander.

**2** Kommunikation: Was sagen Sie in der jeweiligen Situation?

a. Sie sehen einen jungen Mann / eine junge Frau, den/die Sie sympatisch finden. Wie sprechen Sie ihn/sie an?

> _____

b. Jemand sagt zu Ihnen: „Hast du morgen Zeit? Vielleicht können wir zusammen ein Bier trinken gehen." Sie finden ihn/sie unsympatisch. Was antworten Sie?

> _____

c. Sie sitzen beim Speeddating einem Mann / einer Frau gegenüber. Sie wissen nur, wie er/sie heißt. Welche Frage stellen Sie ihm/ihr zuerst?

> _____

**3** Quiz: Beantworten Sie die folgenden Fragen. Schreiben Sie vollständige Sätze.

a. Wo kann man sich in der Schweiz trauen lassen?

> _____

b. Was kann ein Problem bei Online-Partnervermittlungen sein?

> _____

c. Was für einen Ort sollte man für eine erste Verabredung mit einem Freund / einer Freundin wählen?

> _____

d. Wo kann sich ein Ausländer scheiden lassen, wenn er mit einer deutschen Frau verheiratet ist?

> _____

# Wörter und Wendungen

## 10 Wichtige Wörter von Einheit 8

Notieren Sie die Schlüsselwörter und übersetzen Sie in Ihre Sprache.

**Start**

> Lisa und Bernd haben sich über eine
> **Partnervermittlung** kennengelernt.

**Freundschaft**

> Online-Partnervermittlungen sind darauf spezialisiert,
> **Partnersuchende** zusammenzubringen.
> Heute hat mich in der Bahn immer jemand
> angeschaut. Das war sehr **unangenehm**.
> Sie möchten wissen, wie alt ich bin? Das möchte ich
> lieber **für mich behalten**.
> Viele Profile **entsprechen nicht der Wahrheit**.
> Mehmet und Laura sind noch nicht **geschieden**, aber
> sie **leben** schon **getrennt**.
> **Speeddating** ist eine organisierte Form
> des Kennenlernens,

**Liebe**

> Morgen habe ich eine **Verabredung** mit Sarah.
> Treffen Sie sich mit Ihrem **potentiellen Partner**
> zuerst an einem neutralen Ort.
> Beginnen Sie Ihr Gespräch zunächst mit einem
> **unverfänglichen Gesprächsstoff**.
> Reden Sie nicht nur über **oberflächliche** Themen.
> Man kann fast in jedem Supermarkt oder
> Drogeriemarkt **Verhütungsmittel** kaufen.
> Kondome kann man aus **Automaten** ziehen.
> Die **Versicherung** übernimmt nicht die Kosten
> für die **Pille**.
> Die Engländerinnen machten die Erfahrung, dass
> ihre Freunde **sexuell** sehr **freizügig** waren.
> Mein Freund hat mich zum Abschied **umarmt**.

**Ehe**

> Sie melden ihren **Ehewunsch** beim Standesamt an.
> Die Ehe ist ein **rechtlich verbindlicher Vertrag**.
> Das **Standesamt** ist häufig im **Rathaus** einer Stadt.
> Für eine **Scheidung** sollte man sich einen
> **Rechtsanwalt (Anwalt)** nehmen.
> Eltern müssen **Unterhalt** für die Kinder bezahlen.
> Unsere **Kinder sind aus dem Haus**.
> Wenn man die gleiche **Staatsangehörigkeit** hat, kann
> man **sich** nach dem **Recht** des eigenen Landes
> **scheiden lassen**.

**Ihr Wörterbuch**

e Partnervermittlung, -en (dating agency) _____

## Sie lernen ...

### Wochenende

- aus Angeboten für Freizeitaktivitäten auswählen

- die Bedeutung von Vereinen einschätzen

### Freizeitaktivitäten

- Ehrenämter verstehen
- Museen in DACH finden

### Ferien und Urlaub

- Ferien und Urlaub unterscheiden

- einen Reisekatalog verstehen

- online Reisen buchen

# Start

## 1 Freizeitaktivitäten

a  Ordnen Sie die Freizeitaktivitäten den Bildern zu.

| | | | |
|---|---|---|---|
| ☐ Sport ansehen | ☐ essen gehen | ☐ ins Museum gehen | ☐ Zeit mit der Familie verbringen |
| ☐ grillen | ☐ Sport treiben | ☐ faulenzen/gammeln | ☐ mit Freunden gemeinsam kochen |

b  Wie viele freie Stunden haben Sie pro Tag?

jetzt _____     in Ihrem Heimatland _____

c  So verbringen die Deutschen ihre Freizeit. Und wie verbringen Sie Ihre tägliche Freizeit? Zeichnen Sie Ihre tägliche Freizeitaufteilung in das leere Diagramm und vergleichen Sie.

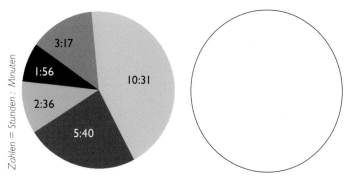

- ● Sport, Hobby, Spiele, Medien
- ● Schlafen, Essen, Körperpflege
- ● Arbeit, Bildung, Weiterbildung
- ● unbezahlte Arbeit
- ● Kontakte, Unterhaltung, Veranstaltungen

Zahlen = Stunden : Minuten

3:17
1:56
2:36
5:40
10:31

# Wochenende

## 2 Aktivitäten am Wochenende

a    Wochenende in Berlin: Lesen Sie die Texte und notieren Sie, was die Personen machen.

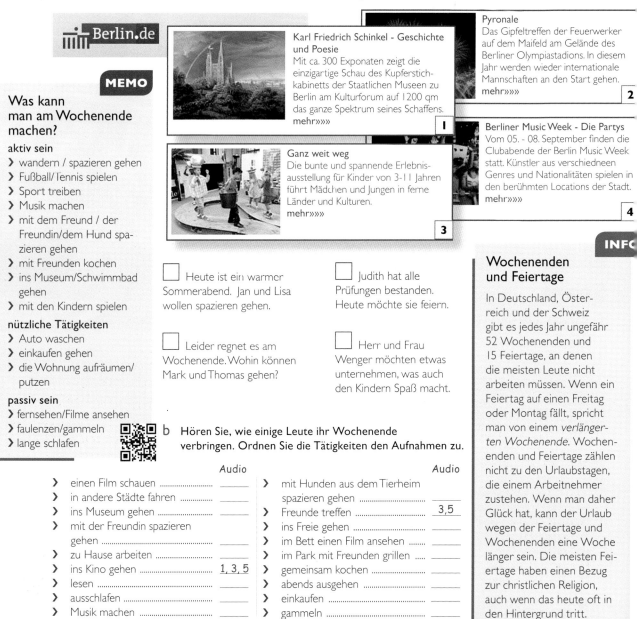

**Berlin.de**

**MEMO**

**Was kann man am Wochenende machen?**

**aktiv sein**
> wandern / spazieren gehen
> Fußball/ Tennis spielen
> Sport treiben
> Musik machen
> mit dem Freund / der Freundin/dem Hund spazieren gehen
> mit Freunden kochen
> ins Museum/Schwimmbad gehen
> mit den Kindern spielen

**nützliche Tätigkeiten**
> Auto waschen
> einkaufen gehen
> die Wohnung aufräumen/ putzen

**passiv sein**
> fernsehen/Filme ansehen
> faulenzen/gammeln
> lange schlafen

**Karl Friedrich Schinkel - Geschichte und Poesie**
Mit ca. 300 Exponaten zeigt die einzigartige Schau des Kupferstich-kabinetts der Staatlichen Museen zu Berlin am Kulturforum auf 1200 qm das ganze Spektrum seines Schaffens.
mehr»»»    **1**

**Ganz weit weg**
Die bunte und spannende Erlebnis-ausstellung für Kinder von 3-11 Jahren führt Mädchen und Jungen in ferne Länder und Kulturen.
mehr»»»    **3**

**Pyronale**
Das Gipfeltreffen der Feuerwerker auf dem Maifeld am Gelände des Berliner Olympiastadions. In diesem Jahr werden wieder internationale Mannschaften an den Start gehen.
mehr»»»    **2**

**Berliner Music Week - Die Partys**
Vom 05. - 08. September finden die Clubabende der Berlin Music Week statt. Künstler aus verschiednen Genres und Nationalitäten spielen in den berühmten Locations der Stadt.
mehr»»»    **4**

**INFO**

**Wochenenden und Feiertage**

In Deutschland, Öster-reich und der Schweiz gibt es jedes Jahr ungefähr 52 Wochenenden und 15 Feiertage, an denen die meisten Leute nicht arbeiten müssen. Wenn ein Feiertag auf einen Freitag oder Montag fällt, spricht man von einem *verlänger-ten Wochenende*. Wochen-enden und Feiertage zählen nicht zu den Urlaubstagen, die einem Arbeitnehmer zustehen. Wenn man daher Glück hat, kann der Urlaub wegen der Feiertage und Wochenenden eine Woche länger sein. Die meisten Fei-ertage haben einen Bezug zur christlichen Religion, auch wenn das heute oft in den Hintergrund tritt.

☐ Heute ist ein warmer Sommerabend. Jan und Lisa wollen spazieren gehen.

☐ Judith hat alle Prüfungen bestanden. Heute möchte sie feiern.

☐ Leider regnet es am Wochenende. Wohin können Mark und Thomas gehen?

☐ Herr und Frau Wenger möchten etwas unternehmen, was auch den Kindern Spaß macht.

b    Hören Sie, wie einige Leute ihr Wochenende verbringen. Ordnen Sie die Tätigkeiten den Aufnahmen zu.

|  | Audio |  | Audio |
|---|---|---|---|
| > einen Film schauen ........................ _____ | | > mit Hunden aus dem Tierheim spazieren gehen ............................... _____ | |
| > in andere Städte fahren ............... _____ | | > Freunde treffen ................................. 3,5 | |
| > ins Museum gehen ......................... _____ | | > ins Freie gehen .................................. _____ | |
| > mit der Freundin spazieren gehen ..................................... _____ | | > im Bett einen Film ansehen ........ _____ | |
| > zu Hause arbeiten .......................... _____ | | > im Park mit Freunden grillen ..... _____ | |
| > ins Kino gehen ................................. 1, 3, 5 | | > gemeinsam kochen .......................... _____ | |
| > lesen ...................................................... _____ | | > abends ausgehen .............................. _____ | |
| > ausschlafen ......................................... _____ | | > einkaufen ............................................. _____ | |
| > Musik machen .................................... _____ | | > gammeln ............................................... _____ | |

# 3 Vereine

a Was kann man in diesen Vereinen machen?
Ordnen Sie die Beschreibungen den Logos zu.

## Was ist ein Verein?

In Deutschland, Österreich und der Schweiz sind viele Menschen in Vereinen organisiert. Ein Verein ist eine rechtliche Organisationsform. Es gibt eine Satzung, in der genau festgelegt ist, was für einen Zweck dieser Verein verfolgt. Man kann häufig die Abkürzung e.V. lesen. Das heißt: *eingetragener Verein*.

Die bekanntesten Vereine sind die Fußballvereine. So wie die Fußballvereine gibt es sehr viele Sportvereine. Wenn man Sport treiben möchte, muss man normalerweise Mitglied in einem dieser Sportvereine werden. Den findet man meist in der Nähe des eigenen Wohnorts. Man muss einen monatlichen Mitgliedsbeitrag bezahlen, dann hat man das Recht, an den Aktivitäten des Vereins teilzunehmen.

Außer Sportvereinen gibt es für alle Situationen des Lebens Vereine: politische und kulturelle Vereine, Lebenshilfe- und Karnevalsvereine usw. Die Mitgliedschaft in einem Verein ist eine gute Gelegenheit, neue Leute kennenzulernen.

☐ Der Verein ist eine Vereinigung von Freunden der Himmelskunde. Er hat das Studium und die Verbreitung der Astronomie zum Zweck.

☐ Der Verein hat den Zweck, die Menschen anzuregen, ein gesundes Leben im Einklang mit der Natur zu führen, um Krankheiten aktiv vorzubeugen und um Heilung zu finden.

☐ Der Verein verfolgt das Ziel, die deutsche Sprache als eigenständige Kultursprache zu erhalten und zu fördern. Er widersetzt sich insbesondere der fortschreitenden Anglisierung des Deutschen.

☐ Der Verein verfolgt den Zweck, den Schutz des Lebens und der natürlichen Umwelt durchzusetzen und die Verbraucher über die umwelt- und gesundheitsrelevanten Auswirkungen von Produkten aufzuklären und zu beraten.

☐ Der Verein hat zum Ziel, das Singen im Chor zu fördern. Dazu treffen sich die Mitglieder regelmäßig, üben gemeinsam und veranstalten Konzerte.

☐ Der Verein bietet Hilfen zur Integration für Jugendliche und Familien an. Das Ziel ist ein friedliches Miteinander vieler verschiedener Kulturen.

b Bei welchen Vereinen sollten die folgenden Personen Mitglied werden?

❝ Ich ärgere mich immer darüber, dass es so viele englische Wörter in der Umgangssprache gibt: Info-Point, Call & Surf, Nordic Walking … Das kann man auch auf Deutsch sagen, oder? ❞

❝ Ein deutsches Sprichwort sagt: Vorbeugen ist besser als Heilen. Deshalb möchte ich vorbeugend etwas für meine Gesundheit tun. ❞

❝ Immer nur über Umweltschutz reden reicht nicht. Ich werde mich ab sofort aktiv engagieren. ❞

c Finden Sie einen Verein für Ihre Interessen.
Die folgenden Internetadressen helfen Ihnen dabei.

www.vereinsliste.de
www.vereinsverzeichnis.eu/sitemap.html

# Freizeitaktivitäten

## 4 Ehrenamtliche Tätigkeiten

a Ehrenamtliche Tätigkeit in der Freizeit: Welche Beschreibung passt zu welchem Bild?

### Ehrenämter

Ungefähr 18% der Erwachsenen widmen sich in ihrer Freizeit einem Ehrenamt. Das bedeutet, dass sie sich ohne Bezahlung für die Gesellschaft engagieren. Ein Ehrenamt kann die Mitarbeit bei der Elternvertretung in der Schule oder die Übungsleitung in einem Sportverein sein.

Viele arbeiten auch bei der Freiwilligen Feuerwehr oder als Sanitäter bei verschiedenen Organisationen, um im Falle einer Katastrophe zu helfen.

Oft nimmt ein solches Ehrenamt mit ca. 43 Stunden pro Woche einen beträchtlichen Teil der Freizeit ein.

☐ Regelmäßiges Vorlesen fördert das Lese- und Sprachvermögen von Kindern. Die rund 250 ehrenamtlichen Vorleser engagieren sich in wöchentlichen Vorlesestunden, um Kinder für Bücher zu begeistern.

☐ Gemäß dem Motto *Retten, Bergen, Löschen, Schützen* ist das Einsatzgebiet sehr vielfältig: Brandeinsätze, Hilfe und Schutz bei Hochwasser, Verkehrsunfälle, die Beseitigung von Wespennestern und viele andere Tätigkeiten.

☐ Kinder, Jugendliche und Erwachsene mit Behinderungen werden vom Fahrdienst zu Hause abgeholt. Sie werden zum Beispiel in die Kita, Schule oder zur Behindertenwerkstatt gefahren. Der Fahrdienst kann auch in Anspruch genommen werden, um Erledigungen zu machen oder um an Freizeitaktivitäten teilzunehmen.

b Hören Sie die Erzählung von Biche und beantworten Sie die Fragen in vollständigen Sätzen.

1 Welchen Beruf hatte Biche, bevor sie in Rente gegangen ist?

_____

2 Welchen ehrenamtlichen Tätigkeiten geht Biche nach?

a. _____

b. _____

c. _____

3 Mit welchem der bei 4a vorgestellten Vereine hat Biche eine Beziehung?

_____

4 Warum war das Kind beunruhigt?

_____

## 5 Museen

a   Lesen Sie die Beschreibungen und ordnen Sie sie den Museen zu.

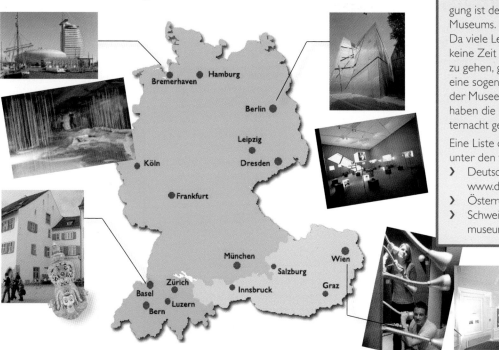

**Berühmte Museen** `INFO`

Eine beliebte Freizeitbeschäftigung ist der Besuch eines Museums.

Da viele Leute an Werktagen keine Zeit haben, in ein Museum zu gehen, gibt es in vielen Städten eine sogenannte „Lange Nacht der Museen". An diesen Tagen haben die Museen bis nach Mitternacht geöffnet.

Eine Liste der Museen finden Sie unter den folgenden Adressen:

> Deutschland: www.deutsche-museen.de
> Österreich: www.museum.at
> Schweiz: www.swiss.de/urlaub/museum

Das Haus der Musik ist ein interaktives Klangmuseum. Sie können in dem Museum einen neuen Zugang zum Thema Musik und Klang erleben. Alle Themen sind didaktisch aufbereitet. Schicken Sie Ihre Ohren auf Entdeckungsreise!

**Das Haus der Musik ist in ...**

In dem Museum der Kulturen kann man mehr als 300.000 Exponate von Kulturen der ganzen Welt bestaunen. Mit wechselnden Ausstellungen möchte das Museum das Verständnis für fremde Kulturen fördern.

**Das Museum der Kulturen ist in ...**

Das Jüdische Museum sammelt Zeugnisse der jüdischen Geschichte und Kultur in Deutschland. Das Gebäude des Museums wurde von dem berühmten Architekten Daniel Libeskind entworfen.

**Das Jüdische Museum ist in ...**

In dem Museum Klimahaus 8° Ost wandern Sie entlang dem 8. Längengrad in Richtung Süden einmal um die Erde. Sie erleben dabei den Wechsel der Klimazonen und werden informiert über die Auswirkungen des Klimawandels.

**Das Klimahaus 8° Ost ist in ...**

b   Suchen Sie auf den Internetseiten, die in der Info-Box angegeben sind, ein Museum, das Sie interessiert, und zeichnen Sie den Ort des Museums in die Landkarte ein.

c   Informieren Sie die anderen Teilnehmer in Ihrem Kurs über dieses Museum.

# Ferien und Urlaub

## 6 Schulferien und Semesterferien

a Wann fährt die Familie Wagner in Urlaub? Lesen Sie den
Text und zeichnen Sie die Zeiten in den Kalender ein.

| Mo | Di | Mi | Do | Fr | Sa | So |
|----|----|----|----|----|----|----|
| 31 | 1. Apr. | 2 | 3 | 4 | 5 | 6 |
| 7 | 8 | 9 | 10 | 11 | 12 | 13 |
| 14 | 15 | 16 | 17 | 18 | 19 | 20 |
| 21 | 22 | 23 | 24 | 25 | 26 | 27 |
| 28 | 29 | 30 | 1. Mai | 2 | 3 | 4 |

**Feiertage:**
Neujahr: 01.01.; Karfreitag: 18.04.; Ostermontag: 21.04.; Tag der Arbeit: 01.05.; Christi Himmelfahrt: 29.05.; Pfingstmontag: 09.06.; Fronleichnam: 19.06.; Tag der Deutschen Einheit: 03.10.; Weihnachten 25./26.12.

Familie Wagner möchte gemeinsam in Urlaub fahren. Der letzte Schultag von Tochter Karoline ist am 15. April. Am 5. Mai sind die Schulferien zu Ende. Ihr Vater kann in dieser Zeit 14 Tage Urlaub nehmen. Ihre Mutter kann leider nur 10 Tage Urlaub nehmen. An welchen Tagen sollten Vater und Mutter Urlaub nehmen, damit sie möglichst lange gemeinsam in Urlaub fahren können? Wie viele Tage können sie in Urlaub fahren?

**MEMO**

**Urlaubswörter**

**die Unterkunft**
> das Hotel / die Pension / das Nichtraucher-Hotel

**die Verpflegung**
> die Halbpension
> die Vollpension
> das Frühstücksbuffet
> das 3-Gänge-Menü

**die Ausstattung des Hotels**
> der Wellnessbereich / die Sauna / das Solarium / der Fitnessraum
> der Frühstücksraum
> die Sonnenterrasse
> die Tiefgarage

b Ergänzen Sie in dem folgenden Text *Urlaub* und *Ferien*. Außerdem auch manche Artikel und Endungen.

1 In d_____ Semester_____ muss ich jobben.

2 Ich nehme im August 14 Tage _____ .

3 Nächste Woche trete ich mein____ _____ an. Frau Schmidt macht dann meine _____svertretung.

4 D____ Sommer_____ dauern 6 Wochen.

5 Meine Tochter ist krank, aber ich haben kein____ _____ mehr. Deshalb muss ich 3 Tage unbezahlt____ _____ nehmen.

6 Ich fahre am Montag in _____ .

7 BMW hat im August Betriebs_____ .

# 7 Einen Reisekatalog verstehen

Sehen Sie sich den Ausschnitt aus dem Reisekatalog an und beantworten Sie die Fragen dazu.

**Lindau • Bayern • Deutschland**

\*\*\*\* Hotel
**Reutemann/
Seegarten**

Hotelansicht

Zimmerbeispiel

Lindau

| **Hotel** | **Zimmer** | **Verpflegung** | **Sport & Wellness** |
|---|---|---|---|

Das 4-Sterne-Hotel liegt direkt an der Seepromenade der malerischen Stadt Lindau am Bodensee und bietet den Gästen einen herrlichen Seeblick. Genießen Sie alle Annehmlichkeiten des Hotels und fühlen Sie sich wie zu Hause. Das Hotel ist der ideale Ort, um zu entspannen oder um von dort kulturelle Entdeckungsreisen im Dreiländereck zu unternehmen.

Die 63 individuell und elegant gestalteten Zimmer des Hotels laden zum Verweilen ein. Aus den Zimmern nach Süden eröffnet sich Ihnen ein überwältigender Blick über den See auf die Alpen. Alle Zimmer verfügen über Bad/Dusche und WC, Telefon, Satelliten-TV, LAN-Internet (1 Stunde kostenfrei), Safe, Minibar, Schreibtisch und Föhn. Mehrheitlich Nichtraucher-Zimmer.

Morgens bedienen Sie sich am reichhaltigen Frühstücksbuffet. Bei Halbpension wahlweise mittags oder abends 3-Gänge-Menü.

**Sport**: *Ohne Gebühr.* Fitnessbereich. *Gegen Gebühr.* Leihfahrräder.
**Wellness**: *Ohne Gebühr.* Beheiztes Freibad, Wellnessbereich mit Sauna, Dampfbad, Solarium, Ruhebereich. Bademantel/Badeschuhe im Zimmer.

Preise: 30.10-31.3=**S**, 1.4.-14.5.=**A**, 15.5.-16.9=**B**

| Zimmertyp | Verpflegung | Belegung | Preise pro Person und Nacht in € | | |
|---|---|---|---|---|---|
| | | | S | A | B |
| DZ ca. 32qm | F | 2 | 84 | 84 | 84 |
| DZ zur Seeseite | F | 2 | 99 | 104 | 109 |
| EZ ca. 23qm | F | 1 | 114 | 119 | 124 |
| Verpflegungszuschlag pro Person: 34 € für Halbpension | | | | | |
| **An-/Abreise**: täglich, **Mindestaufenthalt**: 2 Nächte | | | | | |

www.reutemann-lindau.de

1 Helga und Antonio möchten im Juni 10 Tage im Hotel Reutemann/Seegarten Urlaub machen. Sie möchten Halbpension buchen. Wie viel müssen sie bezahlen?

2 Patricia hat viel gearbeitet. Jetzt gönnt sie sich ein Wellness-Wochenende. Sie möchte am 13.4. ein Einzelzimmer ohne Halbpension für eine Nacht buchen. Wie teuer ist das?

3 Caro und Lukas möchten am Bodensee Urlaub machen. Beide möchten auch im Urlaub dauernd online erreichbar sein. Kann man das Hotel empfehlen?

4 Herr Sorge ist ein starker Raucher. Kann er in dem Hotel im Zimmer rauchen?

5 Man kann *Entdeckungsreisen im Dreiländereck* machen. Was ist mit *Dreiländereck* gemeint?

**INFO**

## Pauschalreise

Wenn Deutsche, Österreicher oder Schweizer ins Ausland reisen, fahren sie am liebsten nach Italien oder Spanien. Die meisten Touristen buchen eine Pauschalreise. Das bedeutet, dass der Veranstalter der Reise für den Flug und das Hotel sorgt. Der Tourist zahlt einen festgelegten Preis, in dem diese Leistungen alle enthalten sind.

Diese Pauschalreisen kann man im Reisebüro buchen oder auch online.

## 8 Eine Reise online buchen

a Wo müssen Sie klicken, wenn Sie folgende Wünsche haben?

1 Ich möchte eine billige Reise buchen.

2 Ich möchte im Urlaub ein Auto leihen.

3 Wir möchten nichts selbst organisieren.

4 Ich brauche kein Hotel. Ich möchte nur ein Flugticket kaufen.

5 Wir möchten im Urlaub nicht in einem Hotel wohnen.

6 Wir fahren mit dem Auto an den Urlaubsort. Ein Flugticket interessiert uns nicht.

### INFO

### Pauschalreise-veranstalter

Es gibt in Deutschland, Österreich und der Schweiz einige große Pauschalreiseveranstalter, bei denen man sowohl in einem Reisebüro als auch online Reisen buchen kann. Hier sind einige Internet-Adressen.

> **Alltours** www.alltours.de
> **ITS** www.its.de
> **Thomas Cook** www.thomas-cook.de
> **TUI** www.tui.com

Mit allen diesen Reiseveranstaltern kann man auch von Flughäfen in Österreich und der Schweiz abfliegen.
Unser Beispiel stammt von *Thomas Cook*.

| | | | | | |
|---|---|---|---|---|---|
| Pauschalreise | Lastminute | Flug | Hotel | Mietwagen | Ferienhaus |

**Wo?**
alle Abflughäfen
Alle Reiseziele

**Wann?**
Frühester Hinflug
Do. 08.08.2013
Spätester Rückflug
Fr. 30.08.2013
beliebig

**Wer?**
2 Erwachsene
Reisende Kinder

Angebote suchen

b Zu welchen Kategorien passen die folgenden Bilder?

Mietwagen

c Ferien in der Schweiz: Suchen Sie bei *Thomas Cook* das billigste Ferienhaus am Genfer See für 4 Personen. Sie buchen ab dem 1. August für eine Woche. Notieren Sie den Namen und den Preis des Ferienhauses.

d Projekt *Urlaub mit deutschen Touristen*: Eines der beliebtesten Reiseziele von deutschen Touristen ist die spanische Insel Mallorca. Buchen Sie jetzt schon Ihren Urlaub im nächsten Sommer. Sie fahren zusammen mit 3 Freunden. Ihre Wünsche haben Sie auf dem Zettel notiert. Suchen Sie deshalb zu viert ein passendes Hotel mit Flug und Mietwagen. Finden Sie ein Hotel, das für Sie passt? Reicht das Geld? Drucken Sie Ihre Ergebnisse aus und berichten Sie im Kurs.

Ziel: Mallorca

- Flughfn. Frankfurt
- ca. 15. Juli
- 2 Wochen
- 4 Personen
- Reisekasse: 1000 € p.P.
- Hotel mit Halbpension
- Nähe Strand
- 4 Sterne (wenn möglich)
- Mietwagen für 1 Woche

# Übungen

## 9 Das haben Sie gelernt

**1** Ergänzen Sie den Text mit den *Urlaubswörtern* von Seite 93.

Das Hotel Admiral ist ein ¹_____. Es verfügt über 63 bestens ausgestattete Zimmer. Sie können

wählen zwischen ²_____ oder ³_____. Diese Mahlzeiten bestehen aus einem

⁴_____. Am Morgen erwartet Sie in unserem ⁵_____ mit Blick auf den Gar-

ten ein reichhaltiges ⁶_____. Bei schönem Wetter können Sie auf der ⁷_____

sitzen und beim Frühstück bereits den Blick über die Binnenalster genießen. Abends entspannen Sie in unserem

⁸_____ mit Sauna und ⁹_____ (bitte nur mit Sportschuhen betreten).

Kommen Sie mit dem Auto? Dann können Sie sicher in unserer ¹⁰_____ parken (10 Euro/Tag).

**2** Wochenende: Welche Sätze passen zusammen?

| | |
|---|---|
| 1 Familie Schubert war 2 Wochen auf Mallorca. Jetzt sind sie wieder zu Hause. | a Vielleicht unternehmen sie etwas mit Freunden: ins Kino gehen oder Volleyball spielen. |
| 2 Jonas macht Musik in einer Band. Am Samstagabend trifft er sich zum Üben. | b Bei dem schlechten Wetter bleiben sie zu Hause und sehen im Bett Filme an. |
| 3 Annika und ihr Freund mussten von Montag bis Freitag jeden Tag früh aufstehen. | c Am Wochenende wollen sie für ihre Freunde kochen und Urlaubsbilder zeigen. |
| 4 Am Wochenende soll es regnen. Janina und Dennis wollen einmal richtig faulenzen. | d Am Wochenende möchten sie auf jeden Fall mal ausschlafen. |
| 5 Familie Egger muss heute viele Würste einkaufen. | e Nach der Probe gehen dann alle zusammen essen. |
| 6 Marco hat am Wochenende noch nichts vor. Wahrscheinlich trifft er seine Freundin. | f Am Sonntag grillen sie mit Freunden im Park. |

**3** Eine Reise buchen: Sehen Sie sich das Angebot an und beantworten Sie die Fragen.

a. Wo liegt das Hotel?

_____

b. Welche Sehenswürdigkeiten gibt es in der Nähe?

_____

c. Kann man in dem Hotel Sport treiben?

_____

d. Wo klicken Sie, wenn Sie das Hotel buchen möchten?

_____

**Hotel Schöne Aussicht**
*Dieses Hotel liegt in Salzburg und hat Folgendes zu bieten: Wellnessbereich*
✩✩✩ Hotelstandard

**Schloss Mirabell in der Nähe**
Dieses Hotel in Salzburg liegt in der Nähe von: Kapuzinerberg, Schloss Mirabell und Salzburger Dom. In der Umgebung befinden sich: Mozarts Geburtshaus und Festung Hohensalzburg.
↪ Karte des Hotels

**Pool und Tennis**
Das Hotel Schöne Aussicht verfügt über: Restaurant, Außenpool, Wellnessbereich und Bar/Lounge.
↪ Mehr zum Hotel

**Highspeed-Internetzugang**
Fernseher mit Satelliten-TV-Empfang stehen in den Zimmern zur Verfügung. Zur Zimmerausstattung gehören außerdem: WLAN-Internetzugang (gegen Gebühr), Schreibtische und Direktwahltelefone.
↪ Mehr Zimmerdetails

Preise und Verfügbarkeit prüfen

# Wörter und Wendungen
## 10 Wichtige Wörter von Einheit 9
Notieren Sie die Schlüsselwörter und übersetzen Sie in Ihre Sprache.

**Start**

> Sport gehört zu den beliebtesten **Freizeitaktivitäten**.
> Zeichnen Sie Ihre **Freizeitaufteilung** in das Diagramm.

**Ihr Wörterbuch**

e Freizeitaktivität, -en (leisure activity) _____
_____

**Wochenende**

> Am Wochenende einmal nur **faulenzen** oder **gammeln** ist auch sehr schön.
> Ich gehe oft mit Hunden aus dem **Tierheim** spazieren.
> Jedem **Arbeitnehmer** stehen ungefähr 30 Tage Urlaub zu.
> Die meisten Feiertage haben einen Bezug zur **christlichen Religion**.
> Dieser **Verein** beschäftigt sich mit der Verbreitung der **Astronomie**.
> Wir verfolgen den Zweck, ein Leben **im Einklang mit** der Natur zu führen.
> Mich ärgert die **Anglisierung** der deutschen Sprache.
> Ein Verein ist eine **rechtliche Organisationsform**.
> Jedes **Mitglied** muss pro Monat 15 Euro **Mitgliedsbeitrag** bezahlen.
> Ich möchte **vorbeugend** etwas für meine Gesundheit tun.
> Immer nur über **Umweltschutz** reden reicht nicht.

**Freizeitaktivitäten**

> Die **Feuerwehr** beseitigt auch **Wespennester**.
> Viele Menschen übernehmen freiwillig ein **Ehrenamt**.
> Ein Ehrenamt kann die Mitarbeit bei der **Elternvertretung** in der Schule oder die **Übungsleitung** in einem Sportverein sein.
> In diesem Museum können Sie einen neuen Zugang zu Musik und **Klang** erleben.

**Ferien und Urlaub**

> Das Hotel können Sie mit **Voll- oder Halbpension** buchen.
> Das Hotel verfügt auch über einen **Wellnessbereich**.
> Die meisten Touristen buchen eine **Pauschalreise**.
> In Deutschland, Österreich oder der Schweiz gibt es einige große **Pauschalreiseveranstalter**.
> Die Reise können Sie online oder in einem **Reisebüro** buchen.

# LERNEN, ARBEIT, BILDUNG 10

## Sie lernen ...

**Start**

- Bildungseinrichtungen unterscheiden

**Vom Kindergarten zur Uni**

- das Bildungssystem verstehen
- Lernbiografien erklären

**Die Arbeitswelt**

- Stellenanzeigen verstehen
- Bewerbungen schreiben, Vorstellungsgespräche bestehen, kündigen

**Weiterbildung**

- VHS-Kurse aussuchen

## Start

## 1 Bildungseinrichtungen

a Welcher Text passt zu welchem Bild?

[ ] Nachdem man einige Jahre als Geselle gearbeitet hat, kann man an dieser Schule eine Weiterbildung für die Prüfung zum Meister machen.

[ ] Die Schule ist für Erwachsene und Jugendliche. Es gibt dort sehr viele Kurse, z. B. auch zu dem Thema „Small Talk".

[ ] Das ist ein Angebot für Erwachsene, die zwar arbeiten müssen, aber trotzdem ein Studium absolvieren möchten.

[ ] Diese Schule ist für Jugendliche, die an anderen Schulen Schwierigkeiten haben. An dieser Schule versucht man, ihnen zu einem Abschluss zu verhelfen.

[ ] Zu dieser Uni muss man nicht jeden Tag hingehen, denn man kann von zu Hause aus studieren. Sonst ist alles so wie an einer anderen Universität.

b Gibt es vergleichbare Bildungsangebote auch in Ihrem Land? Notieren Sie die Begriffe in Ihrer Sprache.

die Meisterschule

die Volkshochschule

das berufsbegleitende Studium

_____ _____ _____

c Welche Prüfung war für Sie bisher die schwerste Prüfung? Erzählen Sie im Kurs.

# Vom Kindergarten zur Uni

## 2 Vom Kindergarten bis zum Schulabschluss

Lesen Sie den Text und ergänzen Sie das Schaubild mit den
markierten Wörtern.

### Der Aufbau des Bildungssystems

Das Bildungssystem in Österreich und der Schweiz ist ähnlich wie das deutsche Bildungssystem organisiert.

Ganz am Anfang steht der Elementarbereich: Kindergärten, welche die Kinder im Alter von 3 bis 5 Jahren besuchen können. Wenn die Kinder sechs Jahre alt werden, gehen sie zur Grundschule. Dieser Primarbereich endet in der Regel nach dem 4. Schuljahr. Danach müssen sich die Eltern entscheiden, welchen Weg ihre Kinder entsprechend den Neigungen und Leistungen weiter einschlagen.
Hauptschulen enden nach dem 9. und Realschulen nach dem 10. Schuljahr. Beide Schulformen werden oft zusammengefasst. Sie bereiten auf eine praktische Berufsausbildung und auf Büroberufe vor.

Das Gymnasium dauert normalerweise bis zum 12. Schuljahr (Sekundarbereich II). Mit dem Abschluss des Gymnasiums, dem Abitur, erwirbt man die Allgemeine Hochschulreife, d.h. man darf an jeder Universität jedes Fach studieren.

Die Entscheidung für eine Schulform nach dem 4. Schuljahr der Grundschule muss jedoch nicht endgültig sein. Die ersten zwei Jahre jeder Schulform sind als Orientierung gedacht. Man nennt

sie daher auch Orientierungsstufe. Danach können die Schüler in eine andere Schulform wechseln, also z. B. von der 6. Klasse in der Realschule in die 7. Klasse des Gymnasiums, sofern die Noten und die Neigung des Schülers einen Wechsel zulassen. Bei zu schlechten Noten muss man ein Schuljahr wiederholen.

Nach Abschluss der jeweiligen Schulform beginnt die Entscheidung für einen Beruf. Man kann nach der Hauptschule eine Lehre beginnen. Die weitere Ausbildung übernimmt dann der Betrieb. Gleichzeitig geht der Auszubildende in die Berufsschule. Diese zweifache Ausbildung nennt man Duales System.

Nach dem Abschluss der Realschule, der Mittleren Reife, treten die Schüler oft eine Stelle in einem Büro an. Man kann jedoch auch an eine Fachoberschule oder ein Fachgymnasium wechseln, um nach dem Abschluss dann zu studieren.

Wer das Gymnasium mit dem Abitur beendet, wechselt in der Regel an eine Universität oder Fachhochschule, um zu studieren, oder ergreift einen Beruf, um in einer Firma Karriere zu machen. Das Bildungssystem ist sehr offen: Es gibt viele Möglichkeiten die Schulform zu wechseln, um einen höheren Abschluss zu erwerben.

(nach einer Grafik des Bundesministeriums für Bildung und Forschung)

# 3 Lehre und Studium

a   Lernbiografien: Zeichnen Sie den Lernweg von Kevin und Pia in die Übersicht ein.

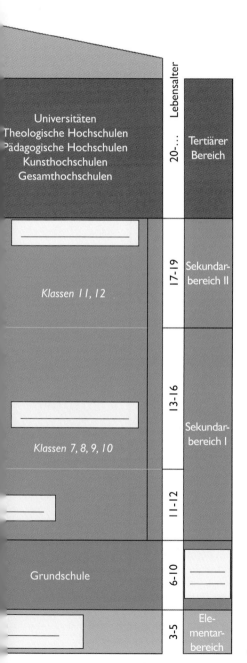

| Lebensalter | |
| --- | --- |
| Universitäten Theologische Hochschulen Pädagogische Hochschulen Kunsthochschulen Gesamthochschulen | 20-… | Tertiärer Bereich |
| Klassen 11, 12 | 17-19 | Sekundarbereich II |
| Klassen 7, 8, 9, 10 | 13-16 | Sekundarbereich I |
| | 11-12 | |
| Grundschule | 6-10 | |
| | 3-5 | Elementarbereich |

**Kevin**

❝ Ich wollte schon immer Schreiner werden. Das Arbeiten mit Holz macht mir einfach Spaß. Ich bin kein Typ, der gerne Bücher liest. Ich möchte lieber praktisch arbeiten.

Meine Eltern wollten, dass ich die Mittlere Reife mache. Aber ich hatte einfach keine Lust dazu. Nach dem Hauptschulabschluss habe ich eine Lehrstelle in einer kleinen Schreinerei gefunden. Dort habe ich die tägliche Arbeit eines Schreiners kennengelernt. Mein Meister hat mir viel beigebracht. Gleichzeitig habe ich in der Berufsschule die neuesten Techniken und theoretische Kenntnisse gelernt.

Nach drei Jahren habe ich die Gesellenprüfung gemacht. In meinem Ausbildungsbetrieb habe ich dann vier Jahre als Geselle gearbeitet. Danach habe ich mich bei der *Gewerbe Akademie Offenburg* zu einem Meisterkurs angemeldet und nach einem halben Jahr die Prüfung zum Meister bestanden. Jetzt habe ich einen eigenen Betrieb und bin mein eigener Chef. Mein Traum ist in Erfüllung gegangen.❞

**Pia**

❝ Mein Vater hat eine kleine Firma in Leipzig, die Werkzeuge herstellt. Meine Eltern wollten, dass ich in der Firma das Büro leite. Ich sollte daher nach der Mittleren Reife Kauffrau lernen. Aber nach der Mittleren Reife wollte ich noch weiterlernen. Ich bin deshalb auf ein Berufliches Gymnasium mit dem Schwerpunkt Technik gegangen. Dort habe ich nach 3 Jahren mein Fachabitur bestanden.

Danach habe zunächst einmal ein Jahr im Büro der Volkshochschule Leipzig gearbeitet. Dort habe ich dann gemerkt, dass mir Büroarbeit keinen Spaß macht. Ich habe mich daher für ein Studium des Maschinenbaus an der Fachhochschule in Leipzig eingeschrieben. Das fand ich interessant, denn das Studium war sehr praktisch: Wir haben viele Projekte gemacht. Nach 6 Semestern habe ich den Abschluss *Bachelor of Engineering* machen können. Ich habe dann angefangen in der Firma meines Vaters zu arbeiten. Irgendwann werde ich sie übernehmen. Meine Eltern sind sehr zufrieden.❞

**Österreichisch – Deutsch**
e *Matura* = s Abitur

b   Zeichnen Sie eine Skizze des Schulsystems Ihres Heimatlandes und vergleichen Sie.

c   Wie ist Ihre Lernbiografie?

# Die Arbeitswelt

## 4 Ausbildungsberufe

**MEMO**

a Schreiben Sie die passenden Berufe aus der Memo-Box zu den Beschreibungen.

### Ausbildungsberufe

> Bürokaufmann/-frau
> Elektroniker/in
> Industriekaufmann/-frau
> Industriemechaniker/in
> Medizinische(r) Fachangestellte(r)
> Kraftfahrzeugmechatroniker/in
> Bankkaufmann/-frau
> Verkäufer/in

... verkaufen und präsentieren die Waren, informieren und beraten Kunden. Außerdem führen Sie Qualitätskontrollen durch.

... kümmern sich in einem Betrieb um die Verwaltung, Organisation, Finanzen und Personal. Es ist ein vielfältiger Beruf.

... reparieren Autos und rüsten sie mit Zusatzsystemen, Sonderausstattungen und Zubehörteilen aus.

b Lesen Sie den Text und ergänzen Sie die Grafik.

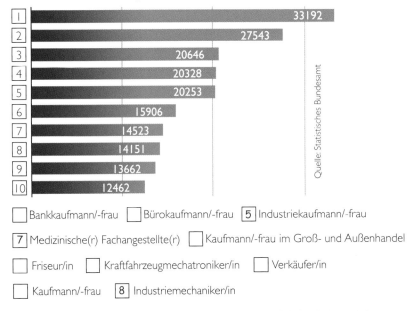

Quelle: Statistisches Bundesamt

| | |
|---|---|
| 1 | 33192 |
| 2 | 27543 |
| 3 | 20646 |
| 4 | 20328 |
| 5 | 20253 |
| 6 | 15906 |
| 7 | 14523 |
| 8 | 14151 |
| 9 | 13662 |
| 10 | 12462 |

☐ Bankkaufmann/-frau   ☐ Bürokaufmann/-frau   5 Industriekaufmann/-frau

7 Medizinische(r) Fachangestellte(r)   ☐ Kaufmann/-frau im Groß- und Außenhandel

☐ Friseur/in   ☐ Kraftfahrzeugmechatroniker/in   ☐ Verkäufer/in

☐ Kaufmann/-frau   8 Industriemechaniker/in

Der beliebteste Ausbildungsberuf ist der *Kaufmann* oder die *Kauffrau*. Über 33000 junge Leute entschließen sich für diesen Beruf. Überhaupt sind Variationen von diesem Beruf sehr begehrt. An dritter Stelle steht der *Bürokaufmann*. An fünfter und sechster Stelle stehen ebenfalls kaufmännische Berufe und auf Position 9 findet sich der *Bankkaufmann*.

*Verkäuferin* ist ein Beruf, der bei Frauen beliebt ist: Er schafft es auf die Position 2. Bei jungen Männern steht der *Kraftfahrzeugmechatroniker* hoch im Kurs: Über 20300 entscheiden sich dafür. Und auch der *Friseur*-Beruf hat es in die Hitliste der beliebtesten Berufe gebracht – wenn auch erst an letzter Stelle.

### Ausbildung in einem Handwerksbetrieb

Eine Ausbildung in einem Handwerksbetrieb dauert in der Regel 3 Jahre. In dieser Zeit lernen die Auszubildenden in dem Betrieb selbst und gleichzeitig in der Berufsschule. Sie arbeiten 2 bis 3 Tage in dem Betrieb und lernen 1 bis 2 Tage in der Berufsschule. An den Unterrichtstagen müssen sie nicht in den Betrieb gehen.

In der Schule lernen die Auszubildenden theoretische Kenntnisse, die sie für ihren Beruf benötigen. Außerdem werden ihnen dort praktische Kenntnisse vermittelt, die ihnen ihr Ausbildungsbetrieb vielleicht nicht bieten kann; z.B. neueste Techniken und die Arbeit mit den neuesten Maschinen.

Die Lehre wird dann mit einer Gesellenprüfung abgeschlossen.

# 5 Stellensuche und Lebenslauf

a   Beantworten Sie die Fragen zu der Stellenanzeige.

Wir suchen zum nächstmöglichen Termin eine(n)

## Fremdsprachensekretär/in

zur Unterstützung für unseren Bereichsleiter für Osteuropa.
Sie sprechen als Muttersprache eine slawische Sprache sowie sehr gut
Deutsch (mind. C1). Sie haben Erfahrung in der Organisation eines
Büros. Eine Ausbildung als Industriekaufmann/-frau ist zusätzlich von
Vorteil. Wir bieten Ihnen ein Gehalt, das Ihrer Stellung angemessen ist,
gute Sozialleistungen und ein angenehmes Betriebsklima. Schicken Sie
Ihre Bewerbungsunterlagen an TechMed, 24114 Kiel.

1   Wie heißt die Firma? _____

2   Welche Fähigkeiten muss ein Bewerber / eine Bewerberin haben? _____
_____

3   Welche Leistungen bietet TechMed? _____
_____

b   Ergänzen Sie die Lücken im Lebenslauf.

| Lebenslauf | |
|---|---|
| Name | Irina PETERS |
| Geburtstag | 14.5.1980 |
| Geburtsort | Welykodolynske (Ukraine) |
| | |
| feste Anstellung seit 11/2004 | Assistentin der Chefin bei *Russische Lebensmittel Im- und Export Elena Dimitrow Hamburg* |
| Praktikum 8/2002 | *Verlag für fremdsprachige Literatur in Moskau* |
| 9/2003 | BA Slavistik |
| 10/2000 - 9/2003 | Studium der Slavistik an der Universität Jena, Kernfach Ostslavistik |

| Schulbildung | |
|---|---|
| Berufliches Gymnasium 5/2000 | |
| 8/1997 - 5/2000 | Eduard-Stieler-Schule, Schwerpunkt Gesundheit |
| Realschule 6/1997 | |
| 8/1991 - 6/1997 | Heinrich-von-Bibra-Schule |
| Grundschule 8/1990 - 6/1991 | in Fulda |
| 8/1986 - 6/1990 | in Welykodolynske |
| Ukrainisch | Muttersprache |
| Deutsch | sehr gut |
| Russisch | sehr gut |
| Polnisch | gut |
| MS Office | sehr gut |

Hamburg, 2.4.20..   *Irina Peters*

Abitur

Berufserfahrungen

EDV-Kenntnisse

Hochschulstudium

Schulbildung

Sprachkenntnisse

c   Schreiben Sie Ihren eigenen Lebenslauf nach diesem Muster.

# 6 Vorstellungsgespräch

a   Ordnen Sie die Tipps den verschiedenen Phasen des Vorstellungsgesprächs zu.

## Bundesagentur für Arbeit

Die Bundesagentur für Arbeit (BA) vermittelt offene Arbeitsstellen an Arbeitssuchende. Für Unternehmen bietet die BA eine Plattform, um offene Arbeitsstellen für Arbeitsuchende anzubieten (www.arbeitsagentur.de).

In den 176 lokalen *Agenturen für Arbeit* werden u.a. auch Berufsberatungen durchgeführt und die Zahlung von Arbeitslosengeld verwaltet.

Wenn Sie Arbeit suchen, ist Ihre lokale Agentur für Arbeit der erste Ansprechpartner.

Bei der Jobbörse der BA können Sie online *www.jobboerse.arbeitsagentur.de* nach offenen Stellen suchen.

b   Schreiben Sie Antworten auf diese Fragen, die häufig in einem Vorstellungsgespräch gestellt werden. Berücksichtigen Sie die Tipps von 6a.

1   Warum haben Sie sich bei uns beworben?

_____

_____

2   Warum möchten Sie Ihren Arbeitsplatz wechseln? / Warum wurde Ihnen gekündigt?

_____

_____

3   Was sind Ihre Stärken und Schwächen?

_____

_____

c   Spielen Sie ein Vorstellungsgespräch mit einem Partner.

# 7 Kündigung

a   Ordnen Sie die Textteile in das Kündigungsschreiben ein.

Zoé Moreau
Allerheiligenstraße 19
99084 Erfurt

Hotel Am Kaiserhof
Herrn M. Bader
Futterstraße 27
99084 Erfurt

07.10.20 . .

Mit freundlichen Grüßen

Zoé Moreau

Für die Zusammen-
arbeit bedanke ich
mich herzlich.

Sehr geehrter Herr
Bader,

hiermit kündige
ich das mit Ihnen
bestehende Ar-
beitsverhältnis vom
01.03.20 . . ordent-
lich und fristgerecht
zum 31.01.20 . .

Ich bitte Sie, mir ein
qualifiziertes berufs-
förderndes Arbeits-
zeugnis auszustellen.

Bitte bestätigen Sie
mir diese Kündigung
schriftlich.

Kündigung des
Arbeitsverhältnisses
vom 01.03.20 . .

b   Gründe für eine Kündigung durch den Arbeitgeber. Lesen Sie den Tipp des Rechtsanwalts und markieren Sie dann, welche Kündigungsgründe nicht korrekt sind.

§   Ein Arbeitgeber darf einem Mitarbeiter kündigen, wenn dieser die Arbeitspflichten nicht mehr erfüllen kann, aber nicht, weil er zu alt ist.

§   Ein Arbeitgeber darf jemandem nicht kündigen, weil er eine falsche Antwort auf unerlaubte Fragen beim Einstellungsgespräch bekom-men hat.

☐ „... Bei dem Einstellungs-gespräch haben Sie uns verschwiegen, dass Sie ein Kind erwarten, obwohl wir Sie gefragt hatten. Der Arbeitsvertrag kam also nur auf der Basis von falschen Informationen zustande. Wir kündigen Ihnen daher fristlos mit unmittelbarer Wirkung. ..."

☐ „... In Ihrem Bereich arbeiten z. Zt. 3 Personen. Nachdem sich der Arbeitsablauf eingespielt hat, ist es möglich, die gleiche Arbeit von 2 Personen erle-digen zu lassen. Da Sie der älteste Mitarbeiter sind, müssen wir Ihnen leider kündigen. Sicher ..."

☐ „... Aufgrund der schlechten wirtschaftlichen Lage, müssen wir das mit Ihnen bestehende Arbeitsver-hältnis aus betriebsbedingten Gründen beenden. Es ist uns leider nicht möglich, Sie an anderer Stelle weiterzubeschäftigen. ..."

## Volkshochschulen

Volkshochschulen (VHS) gibt es in Deutschland, Österreich und der Schweiz seit dem Beginn des 20. Jahrhunderts. Sie wurden gegründet, um jedem Bürger die Möglichkeit zu geben, sich zu bilden bzw. weiterzubilden, ohne viel Geld dafür zu bezahlen. Heute gibt es in jeder Stadt eine VHS. Die Angebote sind sehr vielfältig: Es gibt z. B.

> Kurse zur politischen Bildung
> Sprachkurse
> EDV-Kurse
> Sportkurse
> Kurse zu kulturellen Themen

Außerdem kann man in vielen Volkshochschulen Schulabschlüsse wie den Hauptschulabschluss, die Mittlere Reife oder sogar das Abitur nachholen.

# Weiterbildung

## 8 Kurse an der Volkshochschule

a  Hören Sie die Erzählung von Herrn Fischer. Markieren Sie die Kurse, die er besucht.

☐ Taijiquan – Fortgeschrittene 3     ☐ Arabisch – Mittelstufe I

☐ Finanzwissen im Alltag     ☐ Text und Schauspiel – Theaterbesuche

☐ Theaterspielen – Basics I     ☐ Japanisch intensiv A2

☐ Yoga – Aufbaustufe     ☐ Filmclub Indien

b  Hören Sie den zweiten Teil der Erzählung. Nummerieren Sie die Themen in der richtigen Reihenfolge.

☐ Er sagt, wie viel die Kurse kosten.     ☐ Er erzählt von seinem Theaterkurs.     ☐ Er sagt, warum er Taijiquan macht.

☐ Er erklärt, wann die Kurse stattfinden.     ☐ Er spricht über seine Erfahrung im Gebrauch von Arabisch.

☐ Er spricht über die Motivation, Arabisch zu lernen.     ☐ Er sagt, wie oft die Kurse stattfinden.

c  Markieren Sie die Aussagen, die auf die Erzählung von Herrn Fischer zutreffen.

☐ Herr Fischer lernt Arabisch, weil die arabische und die europäische Kultur viele Berührungspunkte haben.

☐ Taijiquan trainiert auch den Geist, denn man muss sich die schwierigen chinesischen Wörter merken.

☐ Die Teilnehmer des Theaterkurses sehen sich gemeinsam ein Stück an und spielen es dann nach.

☐ In den Schulferien machen die Kurse der VHS eine Pause, weil viele in den Räumen von Schulen stattfinden.

d  Beantworten Sie die Fragen zu dem Deutschkurs der VHS Frankfurt am Main.

Sprachen → Deutsch als Fremdsprache → Deutsch 6/2 Langsames Lerntempo B1

| | |
|---|---|
| 4047-23 | **235,00 €** |
| **Deutsch 6/2 - langsames Lerntempo (B1)** | Für dieses Angebot ist vor Anmeldung ein Einstufungstest bzw. eine Beratung erforderlich. |
| | ☆ Kursplatz merken |
| | 📋 Kursplatz reservieren |
| | Status: Noch 7 Plätze frei<br>**Kurs nicht online buchbar.**<br>**Beratung/Test erforderlich** |
| **Inhalte:**<br>Die Kurse Deutsch - langsames Lerntempo sind nur nach einer persönlichen Beratung zu buchen. Deutsch langsames Lerntempo kann auch im Rahmen eines Integrationskurses besucht werden. | **Dr. Leonie Schumacher;**<br>**Herbert Bergmann**<br>Mo - Do, 14.00 - 17.00 Uhr, 22. Okt. - 03. Dez., 25x |
| **Lehrwerk:**<br>Schritte plus 5 Max Hueber Verlag ISBN: 978-3-19-011915-8 (wird nicht von der VHS gestellt) | **Lehrstätte:**<br>VHS Sonnemannstraße 🔍 |

© Volkshochschule Frankfurt am Main

I  Wo findet der Kurs statt?

_____

2  Was muss man machen, bevor man teilnehmen kann?

_____

3  Wann (Wochentage, Uhrzeit, Zeitrahmen) und wie oft findet der Kurs statt?

_____

_____

4  Was kostet der Kurs?

_____

# Übungen

## 9 Das haben Sie gelernt

1 Wortfeld *Schule*: Tragen Sie die richtigen Wörter in das Rätsel ein. In den grauen Kästchen steht immer der gleiche Buchstabe.

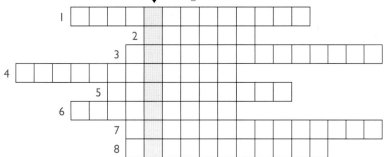

Lösungswort

1 Die Bildungsphase nach dem Elementarbereich.
2 Die Prüfung am Ende des Gymnasiums.
3 Nach der Mittleren Reife kann man dorthin wechseln.
4 Der Elementarbereich der Bildung.
5 Bereitet auf eine praktische Ausbildung vor.

6 Nach dem Abschluss dieser Schule darf man studieren.
7 Wird mit FH abgekürzt.
8 Nach dem Ende dieser Schule beginnen viele eine Lehre.

2 Setzen Sie die 17 Wörter in die richtigen Lücken ein.

### Die Lehre

Nach dem Ende der ¹_____ suchen viele ²_____ einen ³_____

in einem Handwerksbetrieb oder in einer ⁴_____. Einer der beliebtesten Ausbildungsberufe

ist ⁵_____ oder ⁶_____. Viele ⁷_____ Jugendliche entscheiden sich für die

⁸_____ als Kraftfahrzeugmechatroniker. Die Ausbildung in einem dieser Berufe dauert normaler-

weise drei ⁹_____. Während dieser Zeit ¹⁰_____ die Jugendlichen in ihrer Ausbildungsfirma und

¹¹_____ gleichzeitig eine ¹²_____. Wenn sie in der ¹³_____ Unterricht haben,

müssen sie nicht in ihren Ausbildungsbetrieb gehen. In der ¹⁴_____ werden ihnen theoretische

¹⁵_____ vermittelt, die sie für ihren ¹⁶_____ benötigen. Außerdem lernen sie dort neueste

¹⁷_____ und Methoden kennen.

Ausbildung • Ausbildungs-platz • Beruf • Berufsschule • Berufsschule • Berufsschule • besuchen • Firma • Hauptschule • Jahre • Jugend-liche • Kauffrau • Kaufmann • Kenntnisse • lernen • männli-che • Techniken

3 Markieren Sie den für Carlos Lopez geeigneten Kurs der VHS Wien.

Carlos muss für seine Arbeit häufig mit MS Excel ar-beiten. Weil er sich damit nicht so gut auskennt, möchte er einen Kurs in der VHS besuchen. Er hat am Wochenen-de Zeit.

Aufbaukurs Excel + Word für den Beruf
VHS Floridsdorf, Kurs-Nr. A1215 |
Sa 8x; 13.10.–6.12.; 13:00–16:00 | 16 UE | 268,8 € |

Excel Grundkurs
VHS Simmering
Kurs-Nr. GG44AK |
Sa; 06.11.–08.11.; 9:00–12:00 | 6 UE | 67,2 € |

Aufbaukurs
Excel für den Beruf
VHS Simmering
Kurs-Nr. GG14044 |
Sa, 4x; 22.01.–24.02.;
9:00–12:00 |
12 UE | 134,5 € |

Aufbaukurs Excel intensiv
VHS Hernals, Kurs-Nr. A2417 |
Mo+Fr 12x; 13.10.–20.12.; 19:00–20:30 | 16 UE | 290 € |

# Wörter und Wendungen

## 10    Wichtige Wörter von Einheit 10

Notieren Sie die Schlüsselwörter und übersetzen Sie in Ihre Sprache.

### Start

| | | **Ihr Wörterbuch** |
|---|---|---|

> Nachdem man einige Jahre als **Geselle** gearbeitet hat, kann man die Prüfung zum **Meister** machen.

r Geselle, -n (journeyman/assistant)_____

> Neben den staatlichen Schulen gibt es noch viele private **Bildungseinrichtungen**.

_____

> In der **Volkshochschule** gibt es auch viele Kurse für Deutsch als Fremdsprache.

_____
_____
_____

### Vom Kindergarten zur Uni

> Das **Bildungssystem** in Österreich und der Schweiz ist ähnlich wie das deutsche Bildungssystem organisiert.

_____

> In die **Grundschule** müssen alle Kinder gehen. Man nennt diesen **Bildungsabschnitt** „Primarbereich".

_____

> Die **Fachhochschulen** sind mehr an der Praxis orientiert als die Universitäten.

_____
_____
_____

### Die Arbeitswelt

> Der beliebteste **Ausbildungsberuf** ist der **Kaufmann** oder die **Kauffrau**.

_____

> Auch **Friseur** ist ein beliebter Beruf.

_____

> Eine Ausbildung in einem **Handwerksbetrieb** dauert in der Regel 3 Jahre.

_____

> Eine **Bewerbung** sollte immer ein **Anschreiben**, einen **Lebenslauf** und **Zeugnisse** enthalten.

_____

> Schreiben Sie Ihren höchsten **Schulabschluss** an die erste Stelle.

_____

> Die **Berufsschule** vermittelt theoretische Kenntnisse.

_____

> In einer **Stellenanzeige** steht, welche **Fähigkeiten** der **Bewerber** haben sollte.

_____

> Die Bundesagentur für Arbeit (BA) vermittelt offene **Arbeitsstellen** an **Arbeitssuchende**.

_____

> In den Agenturen für Arbeit werden auch **Berufsberatungen durchgeführt** und die **Zahlung** von **Arbeitslosengeld** verwaltet.

_____

> Ihre **Gehaltswünsche** sollten sich am Durchschnitt orientieren.

_____

> In einem **Vorstellungsgespräch** gibt es verschiedene **Phasen**.

_____

> In der **Probezeit** kann man jederzeit **kündigen**.

_____

### Weiterbildung

> Volkshochschulen wurden gegründet, damit jeder **Bürger** sich **bilden** bzw. **weiterbilden** kann.

_____

> Die **Angebote** in den Volkshochschulen sind vielfältig.

_____

## Sie lernen ...

### Printmedien

- Ressorts von Zeitungen unterscheiden
- wichtige Tages- und Wochenzeitungen benennen
- Zeitschriften nach Typen unterscheiden

### Rundfunk

- die Struktur des öffentlich-rechtlichen Rundfunks verstehen
- Radioprogramme identifizieren

### Neue Medien

- mit dem Online-Angebot der Rundfunkanstalten umgehen können

# Start

## 1 Medien nutzen

a Welche Medien passen zu welchen Bildern? Schreiben Sie die passenden Nummern zu den Begriffen.

☐ die Social Media    ☐ der Tablet-Computer    ☐ das Smartphone    ☐ Zeitungen und Zeitschriften

☐ die Bücher    ☐ der E-Book-Reader    ☐ das Internetradio    ☐ der Fernseher

b Welche Medien haben Sie heute schon benutzt?

_____

c Welche Medien benutzen Sie ...

➤ zur Unterhaltung _____

➤ zur Information _____

➤ für Kontakte mit Freunden oder Familienmitgliedern _____

d Wenn Sie einen Monat nur ein Medium benutzen dürften, für welches würden Sie sich entscheiden?

Ich würde _____ ,

weil _____

# Printmedien

## 2 Zeitungen

a  Über welche Themen wird in den Zeitungsressorts geschrieben? Schreiben Sie
das passende Ressort zu den Schlagzeilen.

## Süddeutsche.de

Politik    Panorama    Kultur    Wirtschaft    Sport    München    Bayern    Digital    Auto    Reise

**INFO**

### Zeitungsressorts

Zeitungen sind in Ressorts
aufgeteilt. Ressorts sind
Themenbereiche. Wenn
man also z. B. einen Artikel
zu der aktuellen Situation in
der Bundesliga lesen möchte,
dann muss man in dem
Ressort *Sport* nachsehen.

Wirtschaft

Lukrative Apple-Stores
**Größte Ausbeute pro Quadratmeter**

Schneechaos
**Viele Unfälle auf der A4**

iPad, Surface oder Android
**So findet jeder das
passende Tablet**

Washington
**Gesucht: Neue Gesichter
für Hillary Clintons
Kabinett**

Kunstmarkt
**Claude Monet für
34 Millionen Euro**

Zehn-Zylinder der Formel 1
**Vettels Freund, das
Safety Car**

**INFO**

### Tages- und
Wochenzeitungen

Zeitungen, die einmal in der
Woche erscheinen, nennt
man Wochenzeitungen, im
Gegensatz zu Tageszeitungen.
Beispiele für **Tageszeitungen**:

> in Deutschland
Frankfurter Allgemeine
Zeitung (FAZ), Süddeut-
sche Zeitung (SZ), Die
Welt, Bild

> in Österreich
Der Standard, Die Presse,
Kurier, Kronen Zeitung

> in der Schweiz
Neue Züricher Zeitung
(NZZ), Tages-Anzeiger

Beispiele für **Wochenzeitungen** in den drei Ländern:

> in Deutschland
Die Zeit, Welt am Sonntag

> in Österreich
Falter, Zur Zeit

> in der Schweiz
Die Wochenzeitung, Die
Weltwoche, SonntagsZei-
tung

Diese Zeitungen kann man
auch im Internet lesen.

b  Außer den überregionalen Tageszeitungen, die in der Info-Box genannt sind,
gibt es noch viele regionale Tageszeitungen. Ordnen Sie die Ausschnitte aus den
Artikeln den Zeitungen zu.

☐ Dass die österreichische Jugend
durchaus sehr engagiert ist, will die
Initiative „Future Spirit" zeigen, die
unter der Schirmherrschaft von Bun-
deskanzler Werner Faymann ins Leben
gerufen wurde. …

**1**
**WIESBADENER KURIER**
EIN ANGEBOT DER RHEIN MAIN PRESSE

☐ … Der neue Preisbarome-
ter sei ungerecht, weil er
nicht auf die wahren Gründe
für die Preisunterschiede zw.
schen der Schweiz und dem
Ausland eingehe. …

**2**
**BZ BERNER ZEITUNG**

☐ Der erste Schnee dieses Jahres hat am
Samstagmorgen im Rhein-Main-
Gebiet zu Verkehrsbehinderungen
geführt. Es gab zahlreiche – wenn auch
kleinere – Unfälle. …

**3** **WIENER ZEITUNG** .at

# 3 Zeitschriften

a Zeitungen und Zeitschriften: Ergänzen Sie die Lücken.

In Deutschland gibt es etwa 900 verschiedene [1]_____. Daneben gibt es noch eine Vielzahl von [2]_____, die man teilweise nicht einfach in einer Buchhandlung kaufen kann, sondern die man bestellen muss. Fast 37 Millionen Deutsche sagen, dass sie mehrmals wöchentlich eine [3]_____ lesen.

Die Zeitschriften mit der höchsten [4]_____ sind Zeitschriften, die über das Fernsehprogramm berichten. Beliebt sind auch die Zeitschriften der [5]_____: Sie berichten über die Königshäuser in Europa und über das Leben von Schauspielern und Schauspielerinnen. Die Zeitschriften mit den meisten [6]_____ sind *Stern*, *Der Spiegel* und *Gala*.

Jeder Deutsche liest täglich ungefähr 29 Minuten in einer Zeitung oder Zeitschrift.

b Ergänzen Sie die Grafik mit Wörtern aus der Info- und der Memo-Box.

**MEMO**

### Zeitschriften

> die Anzeige:
> die Werbung, die Firmen in Zeitungen, Zeitschriften und elektronischen Medien veröffentlichen

> die Auflage:
> die Anzahl von Exemplaren, die von einer bestimmten Zeitschrift gedruckt wird

> die Fachzeitschrift:
> eine Zeitschrift mit Inhalten für Fachleute

> die Illustrierte
> = die Zeitschrift

> die Publikumszeitschrift:
> Zeitschriften, die man am Kiosk oder in einer Buchhandlung kaufen kann

> die Regenbogenpresse:
> Zeitschriften, die über berühmte Personen schreiben

**INFO**

### Zeitschriften-markt in Deutschland

Der Zeitschriftenmarkt der Publikumszeitschriften wird in General-Interest- und in Special-Interest-Zeitschriften eingeteilt.

**General-Interest-Zeitschriften** sind Nachrichtenmagazine, TV-Programmzeitschriften, Frauenmagazine, Zeitschriften der Regenbogenpresse, Wirtschaftsmagazine u.a.

**Special-Interest-Zeitschriften** sind auf besondere Themengebiete spezialisiert, z. B. auf Sport, Foto, Jagd, Hobby, Wohnen und Einrichten, Auto und Motor etc. Es gibt kaum ein Thema oder Hobby, für das es nicht eine Special-Interest-Zeitschrift gibt.

( Zeitschriften )

c Projekt: Gehen Sie in eine Buchhandlung und finden Sie Special-Interest-Zeitschriften für jede Kategorie. Tragen Sie den Titel in die Tabelle ein.

| Gesundheit | Technik | Computer |
|---|---|---|
|  |  |  |
| Tiere | Essen und Trinken | Geld |
|  |  |  |

# Rundfunk

### 4 Radio

a Schreiben Sie die Abkürzungen der Rundfunkanstalten zu den passenden Ländern.

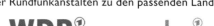

Rundfunk Berlin-Brandenburg

Westdeutscher Rundfunk

Hessischer Rundfunk

**SWR** ▶▶①
Südwestrundfunk

BR①
Bayerischer Rundfunk

Mitteldeutscher Rundfunk

radio**bremen** ①①
Radio Bremen

 ┃┃┃
Das Deutschlandradio sendet
in ganz Deutschland.

N̦DR①
Norddeutscher Rundfunk

**SR**①
Saarländischer Rundfunk

**INFO**

#### Hörfunk

In Deutschland gibt es eine Vielzahl von Radioprogrammen, die in verschiedenen Regionen gehört werden können, in anderen dagegen nicht. Nur das *Deutschlandradio* kann in der ganzen Bundesrepublik gehört werden.

Jede Rundfunkanstalt unterhält verschiedene Radioprogramme, die sich an unterschiedliche Zielgruppen richten.
Es gibt z. B. Programme für

> Jugendliche
> lokale Informationen
> Nachrichten und politische Information
> anspruchsvolle Musik, wie z.B. Klassik und Jazz

Alle Radioprogramme senden 24 Stunden am Tag und oft auch ohne Werbung.

b Ordnen Sie die Audio-Aufnahme auf unserer Internetseite dem passenden Radioprogramm zu.

Der Südwestrundfunk, kurz **SWR**, sendet sechs Radioprogramme, die sich klar unterscheiden. **SWR1** ist das Programm für Zuhörer, die zwischen 40 und 55 Jahre alt sind. Der Sender spielt „Die größten Hits aller Zeiten". Es gibt nur kurze Wortbeiträge zwischen der Musik. Bei **SWR2** dagegen gibt es viele und lange Wortbeiträge: Hörspiele und Features, dazu Sendungen mit klassischer Musik, Jazz und sogenannter Weltmusik. Die Zielgruppe von **SWR3** sind junge Zuhörer von 19 bis 39 Jahre. Es wird hauptsächlich Pop-Musik gespielt, die durch kurze Wortbeiträge unterbrochen wird. **SWRinfo** ist ein reines Nachrichtenprogramm. Dort werden 24 Stunden Nachrichten gesendet.
Alle Programme können auch mit kostenlosen Apps auf mobilen Geräten empfangen werden.

Der Audioclip auf unserer Internetseite ist
von _____ .

# 5 Fernsehen

a Sehen Sie sich den Ausschnitt aus der Programmzeitschrift an und beantworten Sie die Fragen.

| ARD · ARD⊕ | ZDF · ⊙ZDF | RTL · ⊙RTL | SAT.1 · ⊙ |
|---|---|---|---|
| 19.55 Börse<br>20.00 Tagesschau ⬚ | 19.25 WISO WISO-Tipp:<br>Mediation – Was<br>sich mit dem neuen<br>Gesetz ändert | 19.05 Alles was zählt<br>19.40 Gute Zeiten,<br>schlechte Zeiten<br>Daily Soap, D 2012 | der Welt<br>19.15 push – das<br>SAT.1 Magazin<br>20.00 Nachrichten |
| ⬚ ᴴᴰ Timo Boll,<br>Tischtennis | | | |
| 20.15 **Erlebnis Erde** ⬚ ᴴᴰ<br>**TIPP** Dokureihe · Die Rück-<br>kehr der Elefanten<br>21.00 **hart aber fair** ⬚<br>Diskussion · Live<br>22.15 **Tagesthemen**<br>22.45 **Mama, hör auf**<br>**damit** ⬚ ᴴᴰ Doku<br>Sexueller Miss-<br>brauch durch Frauen<br>23.30 **Westware aus dem**<br>**Ostknast** Dokumen-<br>tation, D 2012<br>0.15 **Nachtmagazin**<br>0.35 **Tatort** ⬚ ⬚ Kaltes<br>**FILM** Herz · TV-Krimi, D | 20.15 **Tod einer**<br>**Schülerin** ⬚ ᴴᴰ<br>**FILM** TV-Krimi, D 2010<br>**TIPP** R.: Mark Schlichter<br>21.45 **heute-journal** ⬚<br>22.15 **Largo Winch** ⬚ ⬚<br>**FILM** Thriller, F 2008<br>**TIPP** Regie: Jérôme Salle<br>*Free-TV-Premiere*<br>23.55 **heute nacht**<br>0.10 **Madly in Love** ᴴᴰ<br>**FILM** Komödie, CH/D 2010<br>Mit Muraleetharan<br>Sandrasegaram,<br>Laura Tonke u.a.<br>Regie: Anna Luif | 20.15 **Mietprellern auf**<br>**der Spur** (3/3)<br>Dokureihe, D 2012<br>21.15 **Wir retten Ihren Ur-**<br>**laub** (3/3) Doku-Soap<br>22.15 **Extra – Das**<br>**RTL-Magazin**<br>23.30 **30 Minuten**<br>**Deutschland**<br>Klick dich glücklich!<br>Der neue Online-<br>Shopping-Boom<br>0.00 **Nachtjournal**<br>0.30 **10 vor 11** Schön-<br>bergs Dr. Faust: Das<br>einzigartige Musik- | 20.15 **Mit Herz und**<br>**Handschellen**<br>**FILM** Todfeinde · TV-Krimi,<br>D 2005 · Mit Elena<br>Uhlig, Henning<br>Baum, Gerry Hung-<br>bauer u.a. · Regie:<br>Thomas Nennstiel<br>22.15 **Planetopia**<br>23.00 **Focus TV-Reportage**<br>23.30 **Mit Herz und Hand-**<br>**schellen** Todfeinde<br>**FILM** TV-Krimi, D 2005<br>(Wh. v. 20.15)<br>1.30 **Edel & Starck**<br>Anwaltsserie, D 2001 |

1 Entspricht die wichtigste Fernsehzeit in Deutschland der in Ihrem Heimatland?

_____

2 Was ist RTL und SAT.1?

_____

3 Welche Art von Sendung ist die *Tagesschau*?

_____

Berichten Sie im Kurs.

b Ergänzen Sie den Text mit Wörtern aus der Memo-Box.

Das ¹_____ spielt bei der Freizeitge-
staltung der Deutschen eine wichtige Rolle. Im
Durchschnitt sitzen die Deutschen täglich 188
Minuten vor der ²_____ und auch der
³_____ fasziniert in gleichem Maße: Er
nimmt täglich 186 Minuten der Freizeit ein. Doch man
darf sicher annehmen, dass noch andere Dinge erle-
digt werden, während das ⁴_____ läuft.
Wenn der ⁵_____ dagegen eingeschaltet
wird, nimmt der Apparat oft die ganze Konzentration
in Anspruch.

## Rundfunkbeitrag

Der Rundfunkbeitrag ist für die öffentlich-rechtlichen Rundfunkanstalten der ARD, für ZDF und *Deutschlandradio*. Diese Gebühren finanzieren fast alle Kosten dieser drei Rundfunksender.

Jeder Haushalt sowie Unternehmen und Institutionen sind verpflichtet, den Rundfunkbeitrag zu bezahlen. Studenten können sich unter bestimmten Bedingungen von der Gebühr befreien lassen. Dafür muss man einen Antrag stellen.

Für private Rundfunksender, die Geld aus Werbeeinnahmen erhalten, muss man nicht bezahlen.

# 6 Der Rundfunkbeitrag

a   Lesen Sie den Text zum Rundfunkbeitrag und beantworten Sie die Fragen dazu.

### EINE WOHNUNG – EIN BEITRAG

Der öffentlich-rechtliche Rundfunk wird fast ausschließlich durch die Gebühren der Hörer und Zuschauer finanziert. Eine Einflussnahme des Staates, wie in Diktaturen üblich, ist somit ausgeschlossen. Allein die Gesellschaft übt Kontrolle aus, indem Stellvertreter aus den unterschiedlichsten Bereichen diese Aufgabe in den Rundfunkräten wahrnehmen.

**Höhe der Gebühr**

Für die Bürgerinnen und Bürger gilt eine einfache Regel: eine Wohnung – ein Beitrag. Wie viele Radios, Fernseher oder Computer es in einer Wohnung gibt, spielt keine Rolle – der Rundfunkbeitrag ist nicht an Rundfunkgeräte gekoppelt.

Es ist auch egal, wie viele Menschen in dieser Wohnung leben: Der Rundfunkbeitrag beträgt 17,50 Euro monatlich. Für eine Zweitwohnung muss man jedoch extra bezahlen. Leben mehrere Personen zusammen, zahlt einer den Beitrag für die gemeinsame Wohnung.

Wer bestimmte Voraussetzungen erfüllt, kann sich von der Rundfunkbeitragspflicht befreien lassen oder eine Ermäßigung beantragen. Die entsprechenden Formulare gibt es unter www.rundfunkbeitrag.de.

(Quelle: www.ardzdf.de und www.rundfunkbeitrag.de)

1   Warum wird der öffentlich-rechtliche Rundfunk durch Beiträge der Bürgerinnen und Bürger finanziert?

2   Ein unverheiratetes Paar wohnt gemeinsam in einer Wohnung. Beide arbeiten. Wie viel müssen sie bezahlen?

3   Wie hoch ist die Rundfunkgebühr für jemanden, der keinen Fernsehapparat besitzt?

### Medien

> die Mediathek:
  Ort mit vielen Medien, die man dort ansehen oder ausleihen kann
> neue Medien:
  E-Mail, Internet, mobile Geräte wie E-Book-Reader, Smartphones etc.
> die Printmedien:
  Zeitungen und Zeitschriften
> der Rundfunkbeitrag:
  Geld, das man für die öffentlich-rechtlichen Rundfunkanstalten bezahlen muss

b   Ergänzen Sie den Text mit Wörtern aus der Memo-Box.

Die finanzielle Situation der ¹_____ wird immer schlechter: Viele junge Leute kaufen keine Zeitungen mehr, denn sie lesen Zeitungen und Zeitschriften mit Hilfe der ²____ _____. Das ist meist kostenlos. Um die finanzielle Situation der öffentlich-rechtlichen Rundfunkanstalten sicherzustellen, muss seit Anfang 2013 ein allgemeiner ³_____ von jedem Haushalt gezahlt werden.

# Neue Medien

## 7 Radio und Fernsehen im Internet

a In den Mediatheken können Sie Sendungen nach Kategorien suchen. Notieren Sie die passenden Kategorien zu den Fernsehsendungen.

**INFO**

### Mediatheken

Sowohl ARD als auch ZDF bieten im Internet eine große Mediathek an, aus der Sie aktuelle Sendungen auswählen können, um sie online zu sehen oder zu hören. Und auch die Sendungen der regionalen Rundfunkanstalten (z. B. BR, HR, SWR etc.) kann man im Internet anschauen.
Ebenso die Beiträge des Österreichischen Rundfunks (ORF TVThek) und des Schweizer Fernsehens (SF Videoportal).

| | | |
|---|---|---|
| Sendung verpasst? ▼ | Kategorien ▲ | ARD-Themenwoche 2012 |
| Nachrichten | Politik & Zeitgeschehen | Wirtschaft & Börse |
| Sport | Ratgeber & Technik | Gesundheit & Ernährung |
| Kultur & Gesellschaft | Musik | Literatur |
| Medien | Filme & Serien | Unterhaltung & Lifestyle |
| Comedy & Satire | Wissen & Bildung | Natur & Freizeit |
| Kinder & Familie | Religion & Kirche | In der Region |

**13.00 Uhr** Aschenputtel
*Märchenklassiker neu verfilmt!*

**18.00 Uhr** Verbotene Liebe
*Daily Soap, Folge 4181*

**13.00 Uhr** Wanderwege in Nordrhein-Westfalen

**22.00 Uhr** Polizeiruf 110
*Fehlschuss, TV-Krimi, D 2009*

**21.45 Uhr** Günther Jauch
*Polit-Talk*

**22.00 Uhr** Plusminus
*Das Wirtschaftsmagazin*

**11.00 Uhr** Kopfball – *Tricks und Phänomene aus Natur, Wissenschaft und Technik*

**21.00 Uhr** Marktcheck
*Datensicherung*

b Bedienung des Video-Players der Mediathek: Verbinden Sie die Funktionen mit den Beschreibungen.

Lautstärke

Video vorspulen

Bild vergrößern

zurück an den Anfang

Untertitel

Schärfe, Farbe etc. des Videos anpassen

mittlere Videoqualität

beste Videoqualität

## 8 Mobile Medien und soziale Netze

a Ordnen Sie die verschiedenen Bereiche der Mediathek den Texten zu.

**INFO**

### ARD und ZDF auf mobilen Geräten

Sowohl die ARD als auch das ZDF bieten für mobile Geräte Apps an, mit deren Hilfe man fast das gesamte Programm auf dem eigenen Smartphone weltweit und ohne Werbung ansehen kann. Ähnliche Apps gibt es auch für das Österreichische und das Schweizer Fernsehen.

[ ] Sie möchten eine Sendung sehen, die genau jetzt auch im Fernsehen läuft.

[ ] Sie kennen den Titel einer Sendung und möchten danach suchen.

[ ] Sie möchten wissen, ob es Sendungen über Hunde gibt.

[ ] Sie möchten zurück zur Hauptseite.

[ ] Sie möchten Informationen zu den neuesten Ereignissen in der Welt lesen.

[ ] Sie möchten wissen, welche Sportsendungen es gibt.

[ ] Sie hatten gestern keine Zeit zum Fernsehen. Jetzt möchten Sie diese Sendung gerne sehen.

**INFO**

### Soziale Netze

Wie das bekannte Netzwerk Facebook ist Xing ein Netzwerk, in dem sich die Mitglieder ⎵ verbinden und ⎵2⎵ Informationen austauschen können. Private Themen werden jedoch kaum angesprochen.
Auch wenn Xing eine deutsche Firma ist, kann man sich die Seiten in ⎵3⎵ mehr als 12 Sprachen anzeigen lassen.
Die Interessengruppen sind ebenfalls ⎵4⎵ international.
Sie werden auf Xing auch viele ⎵5⎵ großen Firmen aus den deutschsprachigen Ländern und ⎵6⎵ Stellenangebote finden. Xing kann also auch eine Jobbörse für Sie sein.

b Ordnen Sie die Informationen aus der Info-Box den Bildern zu.

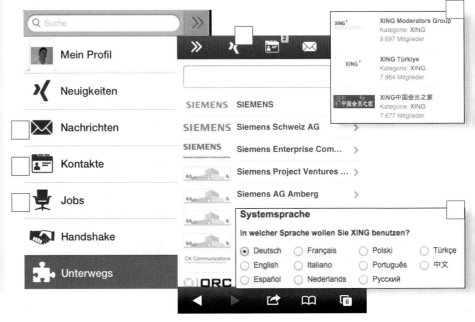

# Übungen

## 9 Das haben Sie gelernt

**I** Kombinieren Sie die Teilsätze.

1 In Deutschland, Österreich und der Schweiz
2 Diese Zeitungen sind in
3̶ Die Ressorts behandeln zum Beispiel
4 Wenn Sie das Ergebnis des letzten Formel-1-Rennens nachlesen möchten,
5 Neben den Zeitungen gibt es auch
6 Man kann fast zu jedem Thema eine sogenannte
7 Jeder Deutsche verbringt ungefähr 29 Minuten täglich

A mit der Lektüre einer Zeitung oder Zeitschrift.
B müssen Sie im Sportteil der Zeitung nachsehen.
C eine Vielzahl von Zeitschriften.
D Ressorts aufgeteilt.
E̶ Politik, Wirtschaft, Kultur, Sport, Wissenschaft und regionale Themen.
F gibt es viele Tages- und Wochenzeitungen.
G Special-Interest-Zeitschrift finden.

Kombinationen    1 +      2 +      3 + E      4 +
                      5 +      6 +      7 +

**2** Schreiben Sie die Kategorien zu den Fernsehsendungen.

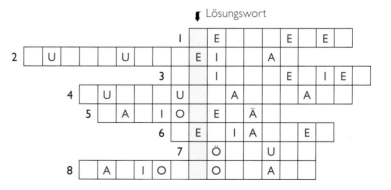

| 23.30 | Der Mörder ist unter uns Psychothriller |
| 19.30 | heute / Wetter |
| 23.00 | Sportstudio |
| 17.00 | Hallo Hessen |
| 20.15 | Alarm für Cobra 11 – Die Autobahnpolizei Folge: Formel Zukunft |
| 21.00 | Quarks & Co Der Klimawandel |

*Filme & Serien*    Politik    Sport    Kultur    Wissenschaft    Technik    Gesundheit    In der Region    Nachrichten    ~~Filme & Serien~~    Filme & Serien

**3** Setzen Sie die richtigen Wörter ein.

1 Ein elektronisches Medium.
2 Jeder muss diese Gebühr bezahlen.
3 Zeitungen und Zeitschriften.
4 Dort wird Radio und Fernsehen gemacht.
5 Damit hört man Radio.
6 Man kann von dort Filme und Radiosendungen laden.
7 Ein anderes Wort für Radio.
8 Das Wort bezeichnet das, was im Radio gesendet wird.

↓ Lösungswort

1   E    E   E
2   U    U   E I   A
3   I    E   I E
4   U   U   A   A
5   A I O   E Ä
6   E   I A   E
7   Ö   U
8   A I O   O A

# Wörter und Wendungen

## 10 Wichtige Wörter von Einheit 11

Notieren Sie die Schlüsselwörter und übersetzen Sie in Ihre Sprache.

### Zeitungen

> Wochenzeitungen erscheinen einmal pro Woche, Tageszeitungen täglich.

> Zeitungen sind in Ressorts aufgeteilt.

### Zeitschriften

> Eine Anzeige ist die Werbung, die Firmen in Zeitungen und Zeitschriften machen.

> Der Zeitschriftenmarkt der Publikumszeitschriften wird in General-Interest- und Special-Interest-Zeitschriften eingeteilt.

### Radio

> Der Rundfunk in Deutschland ist in öffentlich-rechtlichen und privaten Rundfunk aufgeteilt.

> Es gibt 11 öffentlich-rechtliche Rundfunkanstalten in Deutschland.

> Das ZDF sendet nur ein Fernsehprogramm und das Deutschlandradio besteht nur aus Hörfunk.

> Jeder Radiosender unterhält verschiedene Radioprogramme, die sich an unterschiedliche Zielgruppen richten.

### Fernsehen

> Die öffentlich-rechtlichen Rundfunkanstalten sollen neutral und unbeeinflusst von Regierungen berichten. Sie bekommen daher kein Geld aus Steuermitteln.

> Die privaten Sender finanzieren sich durch Werbung.

### Der Rundfunkbeitrag

> Der öffentlich-rechtliche Rundfunk wird fast nur durch die Gebühren der Hörer und Zuschauer finanziert. Diese Gebühr ist der Rundfunkbeitrag.

### Radio und Fernsehen im Internet

> ARD, ZDF und die regionalen Rundfunkanstalten bieten im Internet eine große Mediathek an.

### Mobile Medien und soziale Netze

> Sowohl die ARD als auch das ZDF bieten für mobile Geräte Apps an.

> Die Interessengruppen von XING sind international.

**Ihr Wörterbuch**

e Wochenzeitung, -en (weekly newspaper) _____

# GESUNDHEIT UND SCHÖNHEIT 12

### Sie lernen ...

**Gesund bleiben**

■ verstehen, was Deutsche für ihre Gesundheit tun

■ Lebensmitteletiketten verstehen

**Krank werden**

■ Praxisschilder von Ärzten verstehen

■ Packungsbeilagen Informationen entnehmen

■ Arztrezepte verstehen

**Versicherungen**

■ das Versicherungs-system verstehen

**Schön bleiben**

■ das Wellness-Konzept verstehen

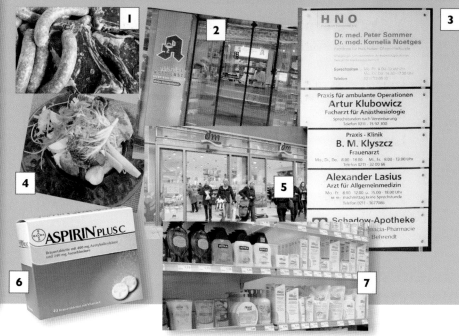

## Start

## 1 Gesund oder ungesund?

a Wählen Sie aus und ergänzen Sie die Sätze.

> Fleisch ist gesund/ungesund, weil _____

> Man sollte viel Salat essen, denn _____

> Man braucht nicht so viel Salat zu essen, denn _____

b Welche Wörter passen zu welchen Bildern? Notieren Sie die passenden Zahlen in die Kästchen.

☐ das Arzneimittel      ☐ die Proteine      ☐ die Drogerie      ☐ das Ärztehaus

☐ die Vitamine      ☐ die Kosmetikartikel      ☐ die Apotheke

c Schönheit: Was kann man für die eigene Schönheit tun? Notieren Sie Begriffe, die Ihnen einfallen.

Cremes benutzen

# Gesund bleiben

## 2 Sport treiben

a Hören Sie die Audioaufnahme. Was machen die Personen, um gesund zu bleiben? Kreuzen Sie an, was Sie hören.

☐ Yoga        ☐ Fußball spielen        ☐ Tennis spielen

☐ joggen        ☐ wandern        ☐ gesunde Ernährung

☐ Fahrrad fahren        ☐ Sport treiben        ☐ segeln

☐ Volleyball spielen        ☐ schwimmen        ☐ laufen

b Was machen Sie, um gesund zu bleiben? Notieren Sie Stichworte und erklären Sie sie im Kurs.

❭ _____

❭ _____

> **INFO**
>
> **Sport und Gesundheit**
>
> Das *Robert-Koch-Institut* hat auf die Ergebnisse einer Umfrage hingewiesen, die besagt, dass die Deutschen zu wenig Sport treiben. Insbesondere ältere Menschen und Angehörige aus der schwächeren sozialen Schicht bewegen sich zu wenig. Deshalb gibt es bei einigen Krankenversicherungen ein Bonusprogramm: Wer Mitglied in einem Fitnesscenter ist und auch regelmäßig trainiert, bekommt Punkte. Mitglieder, die am Ende eines Jahres genügend Punkte gesammelt haben, bekommen von der Versicherung etwas Geld zurückerstattet.

c Deutsche treiben zu wenig Sport, aber sie haben gute Ausreden. Versuchen Sie die Ausreden der Grafik zuzuordnen.

45%

40%

39%

38%

Mein Beruf und meine Familie nehmen mich zu sehr in Anspruch. _____

Ich bin zu krank für Sport.
28%

28%

Die Techniker Krankenkasse hat Leute, die keinen Sport machen, nach den Gründen gefragt. Hier sind die Antworten.

Ich bin zu alt.

Ich habe keine Zeit. _____

Ich habe keinen Trainingspartner.
_____

Ich bewege mich schon in meinem Beruf genug. _____

15%

Sport treiben ist zu teuer. _____

9%

7%

6%

Ich bin zu dick.
_____

Ich bin nicht motiviert.
_____

# 3 Gesunde Ernährung

a Ergänzen Sie den Text mit Wörtern aus der Memo-Box.

## Ausgewogene Ernährung

Eine Empfehlung der Deutschen Gesellschaft für Ernährung

Die Deutsche Gesellschaft für Ernährung (DGE) empfiehlt für eine ausgewogene Ernährung bei Erwachsenen, dass der Anteil an [1]_____ 30%, an [2]_____ 15% und an [3]_____ 55% betragen sollte. Das sei ein angemessenes Verhältnis der Grundnährstoffe. Wenn der Anteil an [4]_____ weit über diesen 30% liege, könne dies zu Übergewicht führen. Wenn dagegen der Anteil an [5]_____ unter 50% falle, könne das Verdauungsstörungen zur Folge haben. Für die Verdauung wichtig seien insbesondere die [6]_____. Daher werde geraten, täglich eine ausreichende Menge an Getreide, Obst und Gemüse zu essen. Auf [7]_____ und [8]_____ müsse man nicht täglich achten. Es reiche aus, wenn man die notwendige Menge innerhalb einer Woche zu sich nehme. Bei einer ausgewogenen Ernährung sei das kein Problem.

> **MEMO**
>
> ## Was enthalten Lebensmittel?
>
> - e Vitamine: Bestandteile der Nahrung, z. B. Vitamin C
> - e Kohlenhydrate: Bestandteile von Nahrungsmitteln, die besonders in Zucker, Kartoffeln etc. enthalten sind
> - s Eiweiß: Protein
> - e Spurenelemente: z. B. Eisen (Fe), Jod (I), Zink (Zn)
> - s Fett: einer der Hauptbestandteile der Nahrung; Öl, Butter, Milch
> - e Mineralstoffe: z. B. Calcium (Ca), Magnesium (Mg), Natrium (Na)
> - e Ballaststoffe: Bestandteile der Nahrung, die wir nicht verdauen können; in Getreide, Obst und Gemüse
> - e Zusatzstoffe: nicht natürliche Bestandteile, z. B. Farben, Konservierungsstoffe, Geschmacksverstärker

b Beschriften Sie die Informationen des Etiketts mit den passenden Nummern aus der Info-Box.

> **INFO**
>
> ## Etiketten von Lebensmitteln
>
> In der EU ist genau geregelt, welche Informationen Etiketten von Lebensmitteln enthalten müssen:
>
> 1 der Name des Produkts
> 2 um welches Produkt / um welche Zutaten es sich handelt
> 3 der Name und die Adresse des Herstellers
> 4 Haltbarkeit: Information, bis wann man das Produkt essen oder trinken kann
> 5 Information, wie das Produkt aufbewahrt werden muss
> 6 das Netto-Gewicht des Produkts
> 7 Ernährungsinformationen
> 8 Ort der Herstellung, wenn das Produkt importiert wurde

**Schweizerdeutsch**
*Znüni* = die Zwischenmahlzeit

| Nährwerte | ø/100 g |
|---|---|
| Brennwert | 298 kJ / 70 kcal |
| Eiweiß | 12,0 g |
| Kohlenhydrate | 4,0 g |
| davon Zucker | 4,0 g |
| Fett | 0,5 g |
| davon gesättigte Fettsäuren | 0,3 g |
| Ballaststoffe | 0 g |
| Natrium | 0,04 g |

Mehr Informationen unter
lidl.de oder lidl.at

Bei max. +8 °C mindestens haltbar bis: siehe Becherboden.
NORDMILCH AG,
Flughafenallee 17,
D-28199 Bremen

**Milbona**
Speisequark
*Magerstufe*
*Natürlich frisch im Geschmack*
e 500 g

# Krank werden

## 4 Ärzte konsultieren

a  Markieren Sie auf den Ärzteschildern, um welche Ärzte es sich handelt.

**1**
**Alexander Lasius**
Arzt für Allgemeinmedizin
Mo.- Fr.  8.00 - 12.00 u. 15.00 - 18.00 Uhr
MI FR– nachmittag keine Sprechstunde
Telefon 0211 - 3677086

**3**
Praxis - Klinik
**B. M. Klyszcz**
Frauenarzt
8.00 - 18.00   Mi., Fr.  8.00 - 13.00 Uhr
0211 - 32 00 66

**2**
Dres. med
**Jesco Jungklaus**
**Dietmar Betz**
**& Partner**
Fachärzte für Urologie
Tel. 48 68 29

**4**
Dr. med. Ulrike Raupp
Hautärztin
Allergologie

Montag - Freitag          9.30 - 12.30 Uhr
Dienstag + Donnerstag  14.30 - 17.00 Uhr
und nach Vereinbarung
☎ 42 300 76

**5**
Dr. med. Peter Hammer
**Dr. med. Kornelia Noetges**
Fachärzte für Hals-Nasen-Ohren-Heilkunde

Allergologie, Umweltmedizin, Ambulante Operationen
Belegärzte Krankenhaus Benrath

**Sprechzeiten**   Mo–Fr 8.00–13.00 Uhr
Mo, Di, Do  14.30–17.30 Uhr
**Telefon**          0211.32 66 10

**MEMO**

### Fachärzte und Ärzte für Allgemeinmedizin

Normalerweise geht man zunächst einmal zu einem Arzt für Allgemeinmedizin. Der stellt die Krankheit fest und überweist eventuell die Patienten an einen Facharzt.

Man kann jedoch auch direkt zu einem Facharzt gehen.

> Gynäkologe: Frauenarzt
> Dermatologe: Facharzt für Hautkrankheiten
> Internist: Facharzt für innere Krankheiten
> Urologe: Facharzt für Erkrankungen der Harnwege, z. B. der Niere
> Orthopäde: Facharzt für Erkrankungen des Bewegungsapparates, z. B. des Knies oder der Füße

b  Beantworten Sie die Fragen zu den Schildern

1  Wie heißt die Zeit, während der man zu einem Arzt gehen kann?

_____

2  Wann arbeiten Ärzte normalerweise nicht?

_____

3  Wie heißt der Ort, an dem private Ärzte arbeiten?

_____

c  Zu welchem Arzt müssen diese Personen gehen? Schreiben Sie die passenden Nummern in die Kästchen.

☐
Frau Kowalski möchte wissen, ob sie schwanger ist.

☐
Herr Monti hat Schmerzen, wenn er zur Toilette geht.

☐
Frau Blum tun seit einigen Tagen die Ohren weh. Außerdem hat sie Halsschmerzen.

☐
Herr Stark hat jedes Jahr Heuschnupfen. Er möchte wissen, ob man etwas dagegen tun kann.

☐
Frau Olsson fühlt sich seit einiger Zeit sehr kraftlos und erschöpft. Sie hat auch oft Kopfschmerzen.

## 5 **Medizin nehmen**

a Wo müssen Sie nachsehen, um die passenden Informationen zu bekommen?
Verbinden Sie die Informationswünsche mit den Textüberschriften.

| | |
|---|---|
| Sie möchten wissen, ob Sie die Arznei in den Kühlschrank legen müssen. | Was ist ASPIRIN COMPLEX und wofür wird es angewendet? |
| Sie möchten wissen, wie oft Sie die Arznei pro Tag nehmen müssen. | Was müssen Sie vor der Einnahme von ASPIRIN COMPLEX beachten? |
| Sie möchten wissen, gegen welche Krankheiten diese Arznei ist. | Wie ist ASPIRIN COMPLEX einzunehmen? |
| Sie möchten wissen, ob Sie diese Arznei nehmen können, wenn Sie stillen. | Welche Nebenwirkungen sind möglich? |
| Sie möchten wissen, ob es schädlich sein kann, diese Arznei zu nehmen. | Wie ist ASPIRIN COMPLEX aufzubewahren? |

### INFO

### Packungsbeilage

In allen Arzneimittelpackungen gibt es eine Packungsbeilage . Dort ist beschrieben, wie man die Arznei nehmen soll und was man beachten muss. Sie müssen nicht alles verstehen. Die Texte sind meist sehr schwierig. Versuchen Sie aber immer, die für Sie wichtigsten Informationen zu verstehen.

b Lesen Sie den Ausschnitt aus der Packungsbeilage und entscheiden Sie, welche Aussagen zutreffen.

### 3. Wie ist Aspirin Complex einzunehmen?

Nehmen Sie Aspirin Complex immer genau nach der Anweisung in dieser Packungsbeilage ein. Bitte fragen Sie bei Ihrem Arzt oder Apotheker nach, wenn Sie sich nicht ganz sicher sind.

Falls vom Arzt nicht anders verordnet, ist die übliche Dosis:

| Alter | Einzeldosis | Tagesgesamtdosis |
|---|---|---|
| Erwachsene | 1 - 2 Beutel | bis zu 6 Beutel |

Falls notwendig, kann die Einnahme der Einzeldosis im Abstand von 4 - 8 Stunden wiederholt werden. Eine Tagesgesamtdosis von 6 Beuteln darf nicht überschritten werden.

Geben Sie den Inhalt von einem oder zwei Beuteln Aspirin Complex in ein Glas Wasser und rühren Sie

gut um. Trinken Sie das gesamte Glas sofort aus. Hinweis: Das Granulat löst sich nicht vollständig auf.

Aspirin Complex darf ohne ärztliche Anweisung nicht bei Kindern unter 16 Jahren angewendet werden. Aufgrund der geringen Erfahrung können für Jugendliche keine Dosisempfehlungen gegeben werden.

Nehmen Sie das Arzneimittel ohne ärztlichen Rat nicht länger als 3 Tage ein.

**Wenn Sie mehr Aspirin Complex eingenommen haben als Sie sollten**

Bei einer Überdosierung können Ko Schwindel, Ohrgeräusche, Herzklo kardie), Brustschmerzen, Erregung Atemnot auftreten.

Bei Verdacht auf eine Überdosierun unverzüglich einen Arzt informiere

### MEMO

### Wörter der Packungsbeilage

**Wann soll man die Arznei nehmen?**
> dreimal täglich
> nach/vor dem Essen

**Wie soll man die Arznei nehmen?**
> mit Flüssigkeit schlucken
> in ein Glas Wasser geben und gut umrühren
> im Mund langsam zergehen lassen
> lutschen
> äußerlich auftragen

**Form der Arznei:**
> das Granulat
> die Kapsel, -n
> die Salbe, -n
> die Tropfen
> die Tablette, -n

☐ Aspirin Complex gibt es nur beim Arzt oder Apotheker.

☐ An einem Tag darf man nicht mehr als 6 Beutel nehmen.

☐ Man soll immer jeweils 2 Beutel nehmen.

☐ Man soll in 8 Stunden 6 Beutel mit einem Glas Wasser nehmen.

☐ Kinder unter 16 Jahren sollten Aspirin Complex nicht nehmen.

☐ Wenn es der Arzt erlaubt, kann man Aspirin Complex länger als drei Tage nehmen.

# Apotheke und Drogerie

## 6 Medikamente kaufen

a Hören Sie das Gespräch in der Apotheke. Welches Medikament kauft der Kunde? Markieren Sie das richtige Medikament.

b Welche Erkrankungen hat der Kunde?

- [ ] Mattigkeit
- [ ] Kopfschmerzen
- [ ] Fieber
- [ ] Halsschmerzen
- [ ] Husten
- [ ] Schnupfen

c Wie oft muss der Kunde das Medikament einnehmen?

- [ ] dreimal täglich zwei Tütchen
- [ ] zweimal täglich drei Tütchen
- [ ] dreimal täglich ein bis zwei Tütchen
- [ ] ein- bis zweimal täglich drei Tütchen

d Worauf sollte der Kunde achten?

_____

e Der Arzt gibt Ihnen ein Rezept. Damit gehen Sie zur Apotheke und kaufen das Medikament: Ordnen Sie die Beschriftung dem Rezept zu.

Name des Patienten

Name der Krankenversicherung

Name des Arztes

Name des Medikaments

f Um welchen Arzt handelt es sich?

_____

### INFO

**Apotheke**

Nur in der Apotheke kann man Medikamente kaufen, die ein Arzt verschrieben hat. Man nennt diese Medikamente *verschreibungspflichtig*. Daneben gibt es auch Medikamente, die *apothekenpflichtig* sind: Diese dürfen nur in einer Apotheke verkauft werden, auch wenn sie nicht von einem Arzt verschrieben werden müssen.

Außerdem gibt es in Apotheken noch besondere Lebensmittel, z. B. für Menschen, die eine Diät machen müssen oder die bestimmte Produkte nicht vertragen.

Zudem gibt es auch Kosmetik, z. B. Cremes, spezielle Shampoos und Medizinprodukte, wie Verbände für Wunden, Spritzen usw.

**Rezept:**

AOK LKK BKK IKK VdAK AEV Knappschaft UV*)
AOK Schleswig-Holstein
Name, Vorname des Versicherten
Bakkes, Jens
Am Germaniahafen 12
24143 Kiel
geb. am
5.3.1978
Kassen-Nr. 2733943 Versicherten-Nr. 945822307 Status 1 1
Vertragsarzt-Nr. 1033287 VK gültig bis 12/16 Datum 26.02.13
Rp. (Bitte Leerräume durchstreichen)
– Nasentropfen E ratiopharm N1
– Emcur Nasendusche Set

Dr. med. Malte Johannsen
Facharzt für
Hals, Nasen und Ohren
Am Seefischmarkt 7
24148 Kiel
Dr. Malte Johannsen
Unterschrift des Arztes

# Versicherungen

## 7 Ärzte und Medizin bezahlen

a  Lesen Sie den Text und markieren Sie die richtigen Aussagen zum Text.

### Krankenversicherung für Studierende

Alle Studenten in Deutschland, Österreich und der Schweiz müssen krankenversichert sein. Ohne Krankenversicherung werden Studenten nicht immatrikuliert. Diese Versicherungspflicht gilt für Studierende bis zu ihrem 30. Lebensjahr bzw. dem 14. Fachsemester.

Und auch ausländische Studierende, die länger als drei Monate bleiben, müssen sich versichern. Ausländische Studierende sollten also möglichst schnell nach der Ankunft in Deutschland eine Krankenversicherung abschließen.

Eine erste Anlaufstelle für Fragen zur Versicherung sind die Studentenwerke.

Viele Studentenwerke bieten Servicepakete für internationale Studierende an, die neben Wohnraum und Verpflegung auch eine Krankenversicherung enthalten.

Wenn Ausländer eine Krankenversicherung in ihrem Heimatland abgeschlossen haben, können sie sich von der Krankenversicherungspflicht befreien lassen. Genauere Auskunft erteilen die Auslandsämter. Die Studierenden sollten sich jedoch genau bei ihrer Versicherung erkundigen, was bezahlt wird. Sonst kann ein Arzt- oder Krankenhausbesuch sehr schnell teuer werden.

### INFO

### Gesetzliche Versicherung und Privatversicherung

Die gesetzliche Krankenversicherung ist Teil des Sozialversicherungssystems. Jeder, der im Jahr weniger als ungefähr 64000 Euro verdient, ist verpflichtet, einer gesetzlichen Krankenversicherung beizutreten; z.B. Studierende. Die größten dieser gesetzlichen Krankenversicherungen sind die AOK, Barmer GEK und die TK.

Sie können auch bei einer privaten Versicherung einen Vertrag abschließen. Bei privaten Versicherungen gibt es viele Arten von Verträgen. Z.B. werden nur ganz bestimmte ärztliche Leistungen bezahlt oder nur ein Teil der Kosten. Je nach Art der Versicherung ist die Gebühr für die Versicherung verschieden. Die größten privaten Krankenversicherungen sind DeBeKa, DKV und Axa.

☐ Es ist in Deutschland möglich, dass ausländische Studierende nicht in Deutschland krankenversichert sind.

☐ Man kann sich in Österreich ohne eine Krankenversicherung immatrikulieren.

☐ Wenn man bei einem Studentenwerk eine Wohnung mietet, wird man automatisch krankenversichert.

☐ Möglicherweise bezahlen die Versicherungen des Heimatlandes nicht 100% der Rechnung des Arztes oder des Krankenhauses.

**Österreichisch – Deutsch**
s Spital – s Krankenhaus

b  Welche Aussagen zu den Leistungen der gesetzlichen Krankenversicherung sind richtig? Markieren Sie die Aussagen, von denen Sie denken, dass sie richtig sind.

☐ Sonja (32) muss für eine Operation zehn Tage in ein Krankenhaus. Ihre gesetzliche Krankenversicherung bezahlt alle Kosten für den gesamten Aufenthalt.

☐ Harald (42) lässt sich im November gegen Grippe impfen. Seine Krankenversicherung übernimmt sämliche Kosten dafür.

☐ Paolo (37) hat eine 10-jährige Tochter. Seine Frau ist auch berufstätig. Weil seine Tochter krank ist, bleibt er heute und morgen zu Hause. Seine Krankenversicherung bezahlt ihm deshalb ein sogenanntes Kinderkrankengeld.

☐ Der Zahnarzt von Ahmed (21) entdeckt ein Loch in einem Zahn. Ahmed möchte das Loch mit Gold füllen lassen. Seine Krankenversicherung übernimmt dafür nicht alle Kosten.

☐ Bolek (24) ist etwas kurzsichtig geworden. Er braucht eine Brille. Die gesetzliche Krankenversicherung bezahlt die Gläser der Brille. Den Rahmen muss Bolek selbst bezahlen.

# Schön bleiben

## 8 Eine Wellness-Kur

a   Hören Sie das Audio und beantworten Sie die Fragen.

1   In welchem Ort hat Wolf eine Kur gemacht? Markieren Sie den Ort auf der Karte.

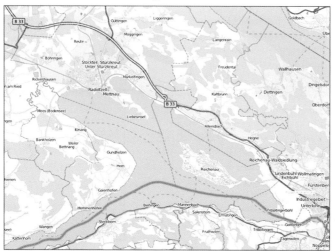

**INFO**

### Die Kur

Eine Kur soll der Vorsorge bei drohenden oder der Nachsorge nach überstandenen Krankheiten dienen. Durch eine Kur soll die Gesundheit gestärkt und ggf. die Arbeitskraft wieder hergestellt werden.

Sofern ein dauerhaft gesundheitlicher Schaden droht, kann man alle vier Jahre eine Kur machen. Wenn diese Kur von einem Arzt verschrieben wird, übernimmt die Krankenversicherung die Kosten für die medizinische Behandlung. Die Versicherung bezahlt auch den größten Teil der Unterbringungs- und Verpflegungskosten in der Kurklinik. Man kann jedoch auch jederzeit eine Kur auf eigene Kosten machen.

2   Wie ist der Tagesablauf bei dieser Kur? Notieren Sie, was die Teilnehmer vormittags (v) und nachmittags (n) machen.

Wassergymnastik          Qigong                    **n** Fahrrad fahren              Dehngymnastik

Gymnastik          Bogenschießen          Nordic Walking          Lesen im Bett

3   Welche der folgenden Aussagen sind richtig?

☐ Wolf macht diese Kur jedes Jahr im Frühling, um seinen allgemeinen Gesundheitszustand zu verbessern.

☐ Weil Wolf zu dick ist, lernt er bei der Kur mit Nahrungsmitteln umzugehen und isst nur 800 Kilokalorien am Tag.

☐ Die sportlichen Aktivitäten der Teilnehmer sind je nach Leistungsklasse verschieden schwer.

☐ Die Wirkung der Kur ist sehr gut und der Ort liegt in einer attraktiven Gegend. Daher kommt Wolf jedes Jahr wieder.

☐ Die Teilnahme an dieser Kur kostet pro Woche etwa 1500 Euro ohne die Kosten für Verpflegung.

b   Projekt: Suchen Sie sich auf den Internetseiten von TUI ein Wellnesshotel aus und stellen Sie es im Kurs vor. Orientieren Sie sich bei der Vorstellung an den Fragen.

> **Projekt: Wellnesshotel**
>
> Sie kennen den Reiseveranstalter TUI bereits aus Einheit 9: www.tui.com

Wie teuer ist das Hotel?          Welche Wellness-Angebote gibt es?

Was bietet das Hotel?          Was kann man machen?

Wie ist die Verpflegung?          Was gibt es in der Nähe des Hotels?

# Übungen

## 9 Das haben Sie gelernt

**1** Welche Produkte gibt es nur in der Apotheke, welche gibt es auch in einer Drogerie? Ordnen Sie zu.

Kopfschmerztabletten          Shampoo

Katzenfutter          Medikamente gegen Bluthochdruck

Creme          medizinische Spritzen          Lippenstift

**2** In dem Quadrat sind noch 13 andere Wörter versteckt, die mit Gesundheit etwas zu tun haben. Markieren Sie diese Wörter. Tragen Sie dann passende Wörter in die Lücken ein.

| U | M | A | R | S | O | L | O | T | K | E | N |
|---|---|---|---|---|---|---|---|---|---|---|---|
| V | E | R | S | I | C | H | E | R | U | N | G |
| S | D | E | B | E | S | T | U | O | R | X | S |
| A | I | Z | I | A | R | Z | T | P | O | T | P |
| L | K | E | L | A | F | M | E | F | R | A | I |
| B | A | P | O | T | H | E | K | E | T | B | T |
| E | M | T | A | K | S | U | R | N | I | L | A |
| D | E | R | M | A | T | O | L | O | G | E | L |
| T | N | I | A | S | P | I | R | I | N | T | U |
| A | T | V | I | T | A | M | I | N | E | T | N |
| W | E | L | L | N | E | S | S | A | B | E | G |
| U | I | E | R | K | R | A | N | K | U | N | G |

> „Ich habe Kopfschmerzen. Hast du vielleicht eine

_____ ?"

> „Lena muss wegen einer Operation eine Woche ins

_____ ."

> _____ sind ein wichtiger Bestandteil unserer

Lebensmittel. Sie schützen vor Krankheiten.

> „Meine Tabletten sind alle. Ich brauche ein neues _____

vom Arzt."

> Der Arzt hat mir _____ gegen den Husten verschrieben."

**3** Welche Lebensmittelbestandteile passen zu welchen Lebensmitteln? Ordnen Sie zu.

Fett          Vitamine

Mineralstoffe          Eiweiß

Ballaststoffe

Kohlenhydrate

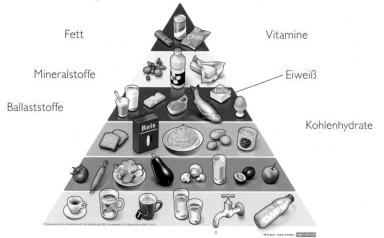

# Wörter und Wendungen

## 10 Wichtige Wörter von Einheit 12

Notieren Sie die Schlüsselwörter und übersetzen Sie in Ihre Sprache.

Start

> Arzneimittel kann man in der Apotheke kaufen.
> Proteine sind ein wichtiger Bestandteil unserer Nahrungsmittel.
> In der Drogerie kann man u.a. Kosmetikartikel kaufen.

Gesund bleiben

> Es gibt gesetzliche und private Kranken-versicherungen.
> Mein Beruf und meine Familie nehmen mich sehr in Anspruch.
> Man sollte auf eine ausgewogene Ernährung achten.
> Bei einer gesunden Ernährung sollten die Grund-nährstoffe in einem angemessenen Verhältnis stehen.
> Die Praxis von Dr. Raupp ist Mittwochnachmittag geschlossen.
> Die Arznei muss im Kühlschrank aufbewahrt werden.
> Kann man dieses Medikament auch nehmen, wenn man stillt?
> Welche Nebenwirkungen hat dieses Medikament?

Apotheke und Drogerie

> In einer Drogerie bekommen Sie keine verschrei-bungspflichtigen Medikamente.
> Mein Arzt hat mir diese Tropfen verschrieben.
> Manche Medikamente kann man ohne ein Rezept kaufen, aber man muss dafür zu einer Apotheke gehen, denn sie sind apothekenpflichtig.
> Ein Patient sollte sich selbst auch über seine Krankheiten informieren.

Versicherungen

> Ohne Krankenversicherung werden Studenten nicht immatrikuliert.
> Viele Studentenwerke bieten Servicepakete für internationale Studierende an.
> Die gesetzliche Krankenversicherung ist Teil des Sozialversicherungssystems.
> Im Alter ist er etwas kurzsichtig geworden.
> Den Rahmen der Brille muss er selbst bezahlen.
> Eine Kur soll der Vorsorge bei drohenden oder der Nachsorge nach überstandenen Krankheiten dienen.

Ihr Wörterbuch

s Arzneimittel, - (drugs, medicine) _____

_____

_____

_____

_____

_____

_____

_____

_____

_____

_____

_____

_____

_____

_____

_____

_____

_____

_____

_____

_____

_____

_____

_____

_____

_____

_____

_____

_____

_____

_____

_____

## Bildquellen

### Einheit 1
S. 1: http://presse.samsung.at (Handy)
S. 12: Creative Commons/Dominik Menke/CC-BY-SA 2.5 (T9)

### Einheit 2
S. 17: Foto SBB, Bern; S. 18: Creative Commons/Sebastian Terfloth/CC- SA 3.0 (S-Bahn HALLEIPZIG); Creative Commons/Maxiiie/CC-BY-SA 3.0 (Rail-jet); Creative Commons/Greg O'Beirne/CC-BY-SA 3.0 (Deutsche Bahn); Creative Commons CC-BY-SA 3.0 (SBB)
S. 22 und 23: www.mvv-muenchen.de

### Einheit 3
S. 27: www.pitopia.de (Franken)
S. 29: http://banknoteworld.com
S. 31: www.berliner-volksbank.de (Formular Kontoeröffnung); www.national-bank.de (Dauerauftrag); www.stadtwerke-essen.de (Logo)

### Einheit 4
S. 43: www.lebensmittel.de; Creative Commons/Evan-Amos (Toblerone); www.apotheke.de (Aspirin); www.rodenstock.de (Brille): www.duden.de
S. 44: www.mairdumont.com (Dresden); www.uni-due.de (Evolution); www.kohlverlag.de (Streitschlichtung); www.audiobooks.at (Allende); www.fischer-verlage.de (,,Der Schwarm"): www.amazon.com (Kindle)

### Einheit 5
S. 47: RaBoe/Wikipedia/CC-BY-SA 3.0 mit freundlicher Genehmigung von Ralf Bösch, Bülkau
S. 50: www.cheesemakingshop.co.uk (Fondue); Creative Commons/Kobako/CC.BY-SA 2.5: www.lebensmittelfotos.com
S. 53: www.lebensmittelfotos.com
S. 54: www.ikea.com (Becher)

### Einheit 6
S. 63; Creative Commons/Jung von Matt AG/CC-BY-SA 3.0 (Deutschlands häufigstes Wohnzimmer); Creative Commons/Jürgen Howaldt/CC-BY-SA 3.0 (Wohnzimmer 50er Jahre); MDM/Konstanze Wendt, DDR Museum Thale, Steinbachstraße, 5A, 06502 Thale (Foto unten rechts)

### Einheit 7
S. 67: Andreas Oft, München (Familie und Großeltern); Renate Luscher, München (Frau, Mann am Herd)
S. 70: www.ekir.de (Taufe); Nina Müller, Bayreuth (Mutter und Kind, Hochzeit); Klaus Fischer, München (Weihnachtsbaum)
S. 72: Foto Ellermann
S. 73: Creative Commons/Bernd Schwabe in Hannover/CC-BY-SA 3.0

### Einheit 8
S. 77: Creative Commons/Iguil/CC-BY-SA 3.0 (LAN Party); www.dorner.co.at (Tanzschule Dorner, Wien); www.1vvf.de (Fußball); Creative Commons/MyName (Gryffindor); Creative Commons/Trexer/CC-BY-SA 3.0
S. 82: www.pom.be.ch (Heirat)
S. 83: www.kaufhaus-horn.de (Hochzeitstisch); http://shop.villeroy-boch.com (Geschirr); http://www.zwilling.com (Messerblöcke)

### Einheit 9
S. 87: Thomas Gerau, Landau (Grillfest)
S. 88: www.berlin.de
S. 89: www.vds-ev.de; www.gvf.at; www.kneippverein-muenchen.de; www.bund.net; http://bern.astronomie.ch
S. 90: www.lesefuechsemuenchen.org; www.ff-graz.at;
www.asb-lu.de; www.ff-graz.at
S. 91: Jüdisches Museum, Berlin (Foto: Volker Kreidler und Jens Ziehe); Creative Commons/Basmus/CC-BY-SA 3.0;

Museum der Kulturen, Basel; www.klimahaus-bremerhaven.de; www.haus-dermusik.at (Foto: Inge Prader)
S. 93: www.hrs.de (Hotel Reutemann. Lindau)
S. 95: www.thomascook.de

### Einheit 10
S. 104: Volkshochschule, Frankfurt am Main

### Einheit 11
S. 108: Namenszüge der Berner Zeitung, der Süddeutschen Zeitung, der Wiener Zeitung und des Wiesbadener Kuriers mit freundlicher Genehmigung der Zeitungen; Logos der ARD mit freundlicher Genehmigung des Ersten Deutschen Fernsehens, Programmdirektion, München; https://bilderdienst.zdf.de; Logo des ZDF mit freundlicher Genehmigung des ZDF, Mainz
S. 113: www.ardmediathek.de
S. 114: Screenshots der ZDF Mediathek mit freundlicher Genehmigung des ZDF

### Einheit 12
S. 117: www.dm-drogeriemarkt.de; Creative Commons CC-BY-SA 3.0 (Raffaels Engel)
S. 119 Brigitte Bayerlein (Speisequark)
S. 124: Creative Commons CC-BY-SA 3.0 (c) OpenStreet/Map-Mitwirkende
S. 125: www.sge-ssn.ch (Lebensmittelpyramide)

Alle anderen Fotos: Oliver Bayerlein

# Thema Landeskunde

**?** „Kann eine Landeskunde aktuell sein?"

**!** „Sicher. Landeskunde Deutschland wird jedes
Jahr neu herausgegeben, komplett überarbeitet.
Außerdem finden Sie auf der Homepage
www.deutsch-verlag.com unter „Aktuelle
Wörter" regelmäßig Informationen, die die
Themen der Landeskunde ergänzen und
die neuesten Entwicklungen einbeziehen."

ISBN 978-3-19-001741-6
Hueber Verlag

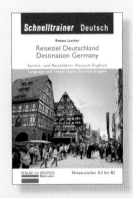

**?** „Ich brauche noch etwas zur Vorbereitung auf
meine Deutschland-Reise."

**!** „Da gibt es ein praktisches, handliches Büchlein
mit nützlichen Sätzen und einer Deutschland-
Rundreise, alles zweisprachig Deutsch-Englisch.
Interessant sind die vielen Reisetipps und die
Geheimtipps für die Rundreise."

**Audio-CD mit den deutschen Texten**
ISBN 978-3-19-111741-2
Hueber Verlag

ISBN 978-3-19-101741-5
Hueber Verlag

## Bestellungen

- Hueber Verlag
  Tel. +49(0)89 - 9602 9602
  Fax +49(0)89 - 9602 328
  E-Mail: orders@hueber.de

- hueber onlineshop
  www.hueber.de

- Verlag für Deutsch Renate Luscher
  E-Mail: luscher@deutsch-verlag.com

**www.deutsch-verlag.com**